PONS

Grammatik kurz & bündig
SPANISCH

für Anfänger und Fortgeschrittene,
mit Online-Übungen

von Yolanda Mateos Ortega

Neubearbeitung
Sabine Segoviano
Astrid Strumps

PONS GmbH
Stuttgart

PONS
Grammatik kurz & bündig
SPANISCH

mit Online-Übungen

von Yolanda Mateos Ortega

Neubearbeitung
Sabine Segoviano
Astrid Strumps

Auf der Basis von ISBN 978-3-12-561914-2.

PONS verpflichtet sich, den Zugriff auf die zu diesem Buch passenden Online-Übungen mindestens bis Ende 2017 zu gewährleisten. Einen Anspruch der Nutzung darüber hinaus gibt es nicht.

3. Auflage 2017

Online-Übungen: Dr. Margarita Görrissen
Logoentwurf: Erwin Poell, Heidelberg
Logoüberarbeitung: Sabine Redlin, Ludwigsburg
Titelfoto: Vlado Golub, Stuttgart
Einbandgestaltung: Anne Helbich, Stuttgart
Layout: Petra Michel, Gestaltung & Typografie, Essen
Satz: Satzkasten, Stuttgart
Druck und Bindung: medienhaus Plump GmbH, Rheinbreitbach

ISBN: 978-3-12-562696-6

So benutzen Sie dieses Buch

Die **PONS Grammatik kurz & bündig Spanisch** bietet Ihnen eine übersichtliche Darstellung der aktuellen spanischen Sprache. Anhand zahlreicher spanischer Beispielsätze mit deutschen Übersetzungen können Sie die Regeln der spanischen Sprache auf einfache und verständliche Weise erlernen oder wiederholen.

Wenn Sie schnell und gezielt etwas nachschlagen wollen, hilft Ihnen dabei unser Leitsystem: Orientieren Sie sich an den **Kopfzeilen** mit den Kapitel- und Unterkapitelüberschriften.

Unter der Rubrik **Leicht gemerkt!** finden Sie das Wichtigste zu jedem Kapitel in diesem Buch noch einmal in Kurzform zusammengefasst. Wenn Sie sich also zu einem bestimmten Grammatikthema einen kurzen, aber gründlichen Überblick verschaffen wollen, dann können Sie sich an diesem Leicht-Merk-System orientieren!

Darüber hinaus helfen Ihnen zahlreiche **Leicht-Gemerkt!-Tipps** schwierige Regeln besser zu verstehen und sich diese leichter zu merken.

Bei der Arbeit mit diesem Buch helfen Ihnen die folgenden Symbole:

Hier wird auf eine Regel oder Besonderheit hingewiesen, die Sie nicht übersehen sollten.

Kleine Tipps verraten Ihnen an dieser Stelle, wie Sie sich die Regeln besser merken können.

Hier werden Unterschiede zwischen dem Deutschen und dem Spanischen aufgezeigt.

Im Anhang finden Sie außerdem umfangreiche **Erklärungen wichtiger Grammatikbegriffe** und ein ausführliches **Stichwortregister**, mit dem Sie nach bestimmten Themen gezielt suchen können. So wird die **PONS Grammatik kurz & bündig Spanisch** zu Ihrem wertvollen Begleiter beim Erlernen der spanischen Sprache.

Zu allen Grammatik-Themen, die in diesem Buch behandelt werden, finden Sie online unter **www.pons.de/grammatikportal** insgesamt mehr als 100 Übungen, mit denen Sie aktiv und sicher in der Sprache werden. Auf der Innenseite des vorderen Buchdeckels wird Ihnen Schritt für Schritt erklärt, wie Sie zum PONS-Grammatikportal gelangen.

Viel Spaß und Erfolg!

Inhalt

1

AUSSPRACHE, BETONUNG UND RECHTSCHREIBUNG

Spanier und Lateinamerikaner sprechen schnell und lebhaft, vor allem aber rollen sie das **r**. Das ist sicherlich das Erste, was Ihnen auffällt, wenn Sie jemanden spanisch sprechen hören. Beim genaueren Hinhören gibt es jedoch noch viele andere Unterschiede zur deutschen Sprache. In diesem Kapitel werden Sie die grundlegenden Regeln zur Aussprache, Betonung und Schreibung der spanischen Sprache kennen lernen.

1. Das Alphabet

Buchstabe	Spanischer Name	Phonetik	Entsprechung	Buchstabierung
A, a	a	a	≈ **a**lt	**A**ntonio
B, b	be	b/β	≈ ha**b**en	**B**arcelona
C, c	ce	θ	≈ **th**ink *(engl.)*	**C**ecilia
			≈ An**k**er	**C**armen
Ch, ch	che	tʃ	≈ Pei**tsch**e	**Ch**ocolate
D, d	de	d/ð	≈ Mul**d**e	**D**olores
E, e	e	e	≈ B**e**tt	**E**nrique
F, f	efe	f	**F**erien	**F**rancia
G, g	ge	g/ɣ	≈ All**g**äu	**G**oya
		χ	≈ Da**ch**	**G**erona
H, h	hache			**H**istoria
I, i	i	i	≈ **i**ntern	**I**nés
J, j	jota	χ	≈ Da**ch**	**J**osé
K, k	ka	k	≈ An**k**er	**K**ilo
L, l	ele	l	**L**ampe	**L**orenzo
Ll, ll	elle	ʎ	≈ Mi**ll**ion	**Ll**obregat
M, m	eme	m	**M**und	**M**adrid
N, n	ene	n	**N**eun	**N**avarra
Ñ, ñ	eñe	ɲ	≈ Co**gn**ac	**Ñ**o**ñ**o
O, o	o	o	≈ R**o**ss	**O**viedo
P, p	pe	p	≈ Al**p**en	**P**arís
Q , q	cu	k	≈ An**k**er	**Q**uerido
R, r	erre	r		**R**amón
rr	erre doble	rr		Monte**rr**ey
S, s	ese	s	≈ e**ss**en	**S**ábado
T, t	te	t	≈ mun**t**er	**T**arragona
U, u	u	u	≈ K**u**ss	**U**lises

V, v	uve	b/β	≈ ha**b**en	**V**alencia
W, w	uve doble	u̯	≈ **wh**isky *(engl.)*	**W**ashington
		b/β	≈ ha**b**en	
X, x	equis	ks/ɣs	≈ Ta**x**i	**X**iquena
		s	≈ Au**s**tralien	
Y, y	i griega	i	≈ Ha**i**	**Y**egua
		j	≈ **J**ot	
		dʒ	≈ **J**ob	
		ʒ	≈ **G**enie	
Z, z	zeta	θ	≈ **th**ink *(engl.)*	**Z**aragoza

Viele Laute werden nur annäherungsweise so ausgesprochen wie im Deutschen oder Englischen, was das Entsprechungszeichen ≈ vor den Beispielen verdeutlicht. Bei **r** und **h** fehlen die Entsprechungen ganz: Das **h** wird im Spanischen nicht gesprochen, das **r** wird ganz anders ausgesprochen als im Deutschen oder Englischen.

In einigen Ländern Lateinamerikas werden die Buchstaben **be, uve** und **uve doble** auch als **be larga**, **be corta** und **ve doble** bezeichnet.

2. Die Aussprache

Die Vokale

Im Deutschen sprechen wir je nach Stellung der Vokale (Selbstlaute) im Wort diese entweder kurz oder lang aus. Im Spanischen hingegen werden die Vokale **a, e, i, o** und **u** immer halblang ausgesprochen. Außerdem gibt es in der spanischen Sprache die Umlaute *ä, ö* und *ü* nicht.

a:	sehr klar und offen, wie in ***kalt***
e:	wie das *e* in ***Metz***
i (y):	wie das *i* in ***Literatur***
o:	wie das *o* in ***Otto***
u:	wie das *u* in ***Kultur***

Am Ende eines Wortes wird das **e** genauso deutlich ausgesprochen wie innerhalb oder am Anfang eines Wortes.
In den Kombinationen **que, qui** und **gue, gui** ist das **u** ein reines Schriftzeichen und deshalb stumm.

Die Doppellaute

Werden die Vokale **i** (**y**) und **u** mit einem anderen Vokal oder miteinander verbunden, bilden sie einen Diphthong, auf Deutsch Doppellaut. In diesem Fall werden sie als eine Silbe ausgesprochen.

farmacia, caimán, hay; bien, peine, ley; idiota, oigo, soy; huy; suave, astronauta; europeo, abuelo; averiguo; cuidado; apreciéis, Paraguay

Werden das **i** oder das **u** betont, wird dies durch einen Akzent angezeigt. In diesem Fall werden die Vokale getrennt ausgeprochen; in Spanien spricht man hier von einem **hiato.**

tío, oí, baúl, tenía, freír, caí

Die Konsonanten

Wie schon erwähnt, werden viele Buchstaben nicht oder nur annäherungsweise wie im Deutschen ausgesprochen. Genau genommen sind nur **f, l** und **m** in der Aussprache wirklich identisch. Bei allen anderen Buchstaben weicht die spanische Aussprache von der deutschen ab. Aber keine Angst, häufig sind die Unterschiede nur sehr gering:

b, v	werden gleich ausgesprochen: am Wortanfang und nach einem **-m-** oder **-n-** als **b**, innerhalb des Wortes etwas weicher (die Lippen werden nicht ganz geschlossen).
c	vor einem **e** und **i** wird immer wie das englische *th* (θ) in *thought* ausgesprochen; in Südspanien, auf den Kanaren und in Lateinamerika wird das **c** in diesem Fall wie ein stimmloses **s** ausgesprochen. vor einem **a, o** oder **u** wird wie ein *k* ausgesprochen.
ch	wird wie *tsch* ausgesprochen.
g	vor einem **a, o** oder **u** entspricht dem deutschen *g*. vor einem **e** oder **i** wird wie das *ch* in *Bu**ch**e* ausgesprochen. Soll das **g** vor einem **e** oder **i** wie das deutsche *g* ausgesprochen werden, schreibt man **gue** bzw. **gui.** In diesem Fall wird das **u** nicht mitgesprochen. Steht zwischen **g** und **e** oder **g** und **i** ein **ü**, d. h. das **u** trägt ein Trema, wird das **u** ausgesprochen (**el pingüino**, **las antigüedades**, **la cigüeña**).
h	ist immer stumm und wird nicht mitgesprochen.
j	wird (wie **g** vor einem **e** oder **i**) wie das *ch* in *Bu**ch**e* ausgesprochen. In Lateinamerika und Südspanien wird dieser Laut etwas gehaucht und ähnelt dem deutschen *h*.

k	findet man nur in Fremdwörtern wie **parking**, **kéfir** und in der Wortfamilie **kilogramo**, **kilómetro**, etc. Ausgesprochen wird es wie das deutsche **k**.
ll	wird in der Hochsprache wie das *ll* in *Mi**ll**ion* ausgesprochen. In den meisten Regionen Spaniens und in ganz Lateinamerika wird es jedoch in der Umgangssprache wie das spanische **y** ausgesprochen.
ñ	wird wie das *gn* in dem Wort *Champi**gn**on* ausgesprochen.
q	steht – zusammen mit einem stummen **u** – immer nur vor einem **e** oder **i** und entspricht dem deutschen *k*.
r	wird meistens gerollt: mit einem einmaligen Vibrieren der Zunge oder länger und stark.
s	wird immer scharf ausgesprochen, wie *ß* oder *ss*; es gibt im Spanischen kein weiches *s* und kein *sch*.
v	wird nie als *f* und auch nicht als deutsches *w* ausgesprochen, sondern als *b* (siehe **b, v**).
w	ist nur in Fremdwörtern vertreten und wird entweder wie im Englischen (*whisky*) oder wie das spanische **b** (**wáter**), jedoch nie wie ein deutsches *w* ausgesprochen.
x	wird zwischen Vokalen wie das deutsche *ks* oder *gs*, vor einem **t, p, c** oder **q** sowie von vielen Muttersprachlern auch in anderen Positionen als *ss* ausgesprochen. In mexikanischen Wörtern wie **México, Oaxaca** und **Texas** ersetzt es eigentlich ein **j** und wird deshalb als solches ausgesprochen.
y	kann einen Vokal, d. h. ein normales *i* (**y, hay, hoy, muy**), oder einen Konsonanten darstellen. Als Konsonant steht das **y** vor einem Vokal und wird als dʒ (wie in ***J**ob, **J**oggen*) ausgesprochen. In fast ganz Spanien und in Lateinamerika wird auch das **ll** wie dieses starke dʒ ausgesprochen. Außerdem gibt es eine regional bedingte, z. T. sehr verbreitete Variante, die eigentlich ins ʒ (wie im deutschen ***G**enie*) geht. Sie können das konsonantische **y** wie ein deutsches *j* aussprechen: Muttersprachler werden Sie dann ohne Mühe verstehen.

z	steht nur vor **a, o, u** und wird immer wie das englische *th* (θ) in *thorn* ausgesprochen; in Lateinamerika, Südspanien und auf den Kanaren entspricht es einem stimmlosen *s*. Zu den wenigen Ausnahmen gehört der Name des Buchstabens **z**, **zeta/zeda**, außerdem Wörter wie **zepelín** und **zinc**. **Zebra** und **zenit** sind zwar noch zugelassen, im Gebrauch aber von **cebra** und **cenit** abgelöst worden.

Die Laute **d, g(u)**, **b** (geschrieben **b/v**), und **p, t, k** (geschrieben **c/qu/k**) werden wesentlich weicher ausgesprochen als im Deutschen.

LEICHT GEMERKT

c vor **-a**, **-o**, **-u** liest man immer **ka, ko, ku.**
ch wird wie „tsch" ausgesprochen.
g vor **-a**, **-o** und **-u** liest man immer : **ga, go, gu**.
g vor **-e** und **-i** wird wie das deutsch „ch" ausgesprochen.

Vorsicht mit der Kombination **g** vor -**ue** und **g** vor -**ui**: Es wird zwar wie das deutsche „g" ausgesprochen, aber das **u** wird nicht mitgesprochen.

Das **u** darf nur mitgelesen werden, wenn es zwei Punkte trägt (im Spanischen heißt es : **diéresis**), so z. B.:

el pingüino — *der Pinguin*

h wird nicht mitgesprochen.
v und **b** werden gleich ausgesprochen.

Merksatz:
Mañana vamos a Barcelona. — *Morgen gehen wir nach Barcelona.*

Das rollende r

Das spanische **r** wird immer gerollt, entweder einfach oder doppelt. Hier sollten Sie sich jedoch merken, dass nicht immer ein **r** einfach und zwei **rr** doppelt gerollt werden, sondern dass folgende Regeln gelten:

- Ein **-r** am Ende eines Wortes sowie in den Kombinationen mit **br-**, **pr-**, **tr-**, **cr-** wird immer einfach gerollt.

  hablar **brazo**
  pronto **teatro**
  cristal

- Am Wortanfang sowie nach einer auf einen Konsonanten endenden Silbe wird das **r-** immer stark gerollt.

rosa	**Enrique**
Israel	**alrededor**

- Nur zwischen Vokalen kann das **r** sowohl stark als auch einfach gerollt werden; wird es stark gerollt, wird dies durch die Verdoppelung des **r** bei der Schreibung angezeigt.

caro – carro	*teuer – Karren*
ahora – ahorra	*jetzt – er/sie spart*
pero – perro	*aber – Hund*
cero – cerro	*Null – Hügel*

Betonung und Akzentsetzung

Während im Deutschen die Wörter meist stammbetont sind, kann ein spanisches Wort überall betont werden, unabhängig davon, ob es sich um den Stamm, die Endung oder eine andere Silbe handelt:

España	**Chile**
aber	
español	**chileno**

Wie Sie den vorigen Beispielen entnehmen können, wird die betonte Silbe nicht unbedingt durch einen Akzent markiert. Ganz im Gegenteil, die meisten spanischen Wörter werden ohne Akzent geschrieben. Gesetzt wird der Akzent nach folgenden, einfachen Regeln:

Schema	Wörter, die:	erhalten:	Beispiel
□ □ ■ □	auf der vorletzten Silbe betont werden und auf einen Vokal, auf ein **-n** oder ein **-s** enden,	keinen Akzent	Ale**ma**nia **Car**men **ca**sas
□ □ ■ □	auf der vorletzten Silbe betont werden und auf einen Konsonanten außer **-n** oder **-s** enden,	einen Akzent	**fá**cil **ár**bol **ál**bum **tó**rax
□ □ □ ■	auf der letzten Silbe betont werden und auf einen Konsonanten außer **-n** oder **-s** enden,	keinen Akzent	can**tar** doc**tor** a**bril** Bra**sil** ciu**dad**

□□□■	auf der letzten Silbe betont werden und auf einen Vokal, auf ein **-n** oder ein **-s** enden,	einen Akzent	ca**fé**, Pe**rú** des**pués** ca**mión**
■□□□ □■□□	auf der dritt- oder viertletzten Silbe betont werden,	immer einen Akzent	A**mé**rica **pá**jaro **dí**ganoslo
■	einsilbig sind,	keinen Akzent	no soy

Wörter, die auf der letzten Silbe betont werden, heißen: **palabras agudas**.

Wörter, die auf der vorletzten Silbe betont werden, (das sind in der Regel die Mehrzahl der Wörter) heißen: **palabaras graves** oder **llanas**.

Wörter, die auf der drittletzten Silbe betont werden heißen: **palabras esdrújulas**.

LEICHT GEMERKT

Die drei Grundregeln zur Betonung sollten Sie parat haben:

1. Wörter, die auf Vokal, **-n** oder **-s** enden, werden auf der vorletzten Silbe betont.
2. Wörter, die auf Konsonant außer **-n** oder **-s** enden, werden auf der letzten Silbe betont.
3. Weicht die Betonung eines Wortes von den beiden Regeln ab, erhält der betonte Vokal beim Schreiben einen Akzent.

Bis sie sitzen, suchen Sie sich immer wieder ein paar Wörter aus einem Text oder dem Wörterbuch und überlegen mit Hilfe der Regeln, weshalb das Wort (k)einen Akzent trägt.

Von diesen Regeln weichen nur Wörter ab, die aus einem bestimmten Grund immer mit einem Akzent versehen werden:

- Wörter mit einem **hiato** (▸ „hiato“).

día **púa** **país**

- Fragewörter, auch in indirekten Fragen.

¿Cómo estás?	*Wie geht es dir?*
¿Cuál es tu bicicleta?	*Welches Fahrrad gehört dir?*
¿Cuáles son tus dificultades?	*Welches sind deine Schwierigkeiten?*
¿Por qué queréis ir a casa?	*Warum möchtet ihr nach Hause gehen?*
Laura no dice qué le pasa.	*Laura sagt nicht, was mit ihr los ist.*
Pili pregunta quién más viene a cenar.	*Pili fragt, wer noch zum Abendessen kommt.*

- Ausrufewörter.

¡Qué bonito!	*Wie schön!*
¡Cuánto me alegro!	*Wie sehr ich mich freue!*
¡Cómo os lo agradezco!	*Wie dankbar ich euch dafür bin!*

- Abgeleitete Adverbien, wenn auch das Adjektiv einen Akzent trägt.

fácilmente	**fácil**
rápidamente	**rápido**
únicamente	**único**

- Einige einsilbige und wenige zweisilbige Wörter, um sie von denen mit der gleichen Schreibweise aber anderer Bedeutung zu unterscheiden.

mí - mi	*mich/mir - mein*
él - el	*er - der*
tú - tu	*du - dein*
sé - se	*ich weiß - sich/man*
más - mas	*mehr - jedoch*
té - te	*Tee - dich/dir*
sí - si	*ja - falls*
sólo - solo	*nur - allein*

- Allein stehende Demonstrativpronomen.

Conozco a estos estudiantes, pero no a ése.	*Ich kenne diese Studenten, aber nicht den da.*

- Die Konjunktion **o** zwischen Zahlen, um sie von diesen deutlich abzuheben.

10 ó 20

LEICHT GEMERKT

Viele Muttersprachler nehmen es mit der richtigen Akzentsetzung nicht so genau. Dies sollte Sie jedoch nicht davon abhalten, die Regeln der Akzentsetzung sehr ernst zu nehmen. So wird es Ihnen leichter fallen, die Wörter richtig zu betonen.

3. Die Rechtschreibung

Großschreibung

Großbuchstaben werden wie im Deutschen am Satzanfang und bei Eigennamen gebraucht (Personen, Orts- und Ländernamen, Behörden, Institutionen, religiöse und historische Bezeichnungen). Außerdem bei Zitaten nach einem Doppelpunkt sowie bei Abkürzungen in der Anrede. Bei Roman- oder Filmtiteln wird nur der Anfangsbuchstabe groß geschrieben.

Amparo	*weiblicher Vorname*
Bilbao	*Stadt im Baskenland*
Nicaragua	*Land in Mittelamerika*
el Ministerio de Asuntos Exteriores	*das Außenministerium*
Correos	*das Postamt*
Internet	*das Internet*
el Instituto Cervantes	*das spanische Kulturinstitut*
la Unión Europea	*die Europäische Union*
la Cruz Roja	*das Rote Kreuz*
la Semana Santa	*die Karwoche*
la Edad Media	*das Mittelalter*
Querida Diana: Muchas gracias por…	*Liebe Diana, vielen Dank für …*
Sr., Sra., Srta., Ud./Vd., D., Dña.	señor, señora, señorita, usted, don, doña
Cien años de soledad	*„Hundert Jahre Einsamkeit“* (Roman von Gabriel García Márquez)
Todo sobre mi madre	*„Alles über meine Mutter“* (Film von Pedro Almodóvar)

Kleinschreibung

- Monatsnamen, Wochentage, Jahreszeiten, Himmelsrichtungen

enero	*Januar*	**la primavera**	*Frühling*
febrero	*Februar*	**el verano**	*Sommer*
lunes	*Montag*	**el norte**	*Norden*
martes	*Dienstag*	**el sur**	*Süden*

- Namen geografischer Herkunft

una madrileña	*eine Madriderin*
un andaluz	*ein Andalusier*
un grupo de latinoamericanos	*eine Gruppe von Lateinamerikanern*

Doppelkonsonanten

Im Spanischen finden wir eine einzige echte Verdoppelung und zwar das **-rr-**. Da in Wörtern wie **ac-ción** oder **in-novar** die Konsonanten verschiedenen Silben zugeordnet werden, gelten die Fälle nicht als *echte* Verdoppelung.

Die Buchstabenkombinationen **ch** und **ll** bilden einen für das Spanische charakteristischen Laut und werden deshalb wie auch das **ñ** als eigenständige Buchstaben im spanischen Alphabet mit aufgeführt.

Grundregeln der Rechtschreibung

Eigentlich ist die spanische Rechtschreibung sehr einfach, da meistens genauso geschrieben wie gesprochen wird ... leider aber auch nur meistens! Worauf müssen Sie achten?

Manche Schreibweisen folgen weder klaren Regeln noch lassen sie sich von der Aussprache ableiten. Deshalb sollte man bei der Schreibung berücksichtigen:

- **b** und **v** werden gleich ausgesprochen, so dass man von der Aussprache nicht auf die Schreibweise schließen kann. Die Kombinationen **br-** und **bl-** sind jedoch nur mit **b** möglich.

- **g** und **j** werden vor **e** und **i** gleich ausgesprochen, so dass man an der Aussprache die Schreibweise nicht erkennen kann.

- Das **h** ist im Spanischen immer stumm.

oler	*riechen*
huele bien/mal	*es riecht gut/nicht gut*

- Das **ll** und das **y** werden häufig gleich ausgesprochen und bereiten daher sogar Muttersprachlern Schwierigkeiten beim Schreiben.

queso rallado	*geriebener Käse*
papel rayado	*liniertes Papier*

Je nachdem, mit welchem Vokal der Laut in Erscheinung tritt, wird in einigen Fällen ein- und derselbe Laut unterschiedlich geschrieben:

- Der *k*-Laut wird vor **-a**, **-o**, **-u** mit **c**, vor **-e**, **-i** mit **qu-** geschrieben (*k* als Buchstabe ist nur in Fremdwörtern zu finden).

casa	*Haus*	**busco**	*ich suche*
queso	*Käse*	aber	
concurso	*Wettbewerb*	**busqué**	*ich suchte*
quizás	*vielleicht*		

- Der *th*-Laut (θ) wird vor **-e**, **-i** mit **c**, vor **-a**, **-o**, **-u** mit **z** geschrieben.

zorzal	*Drossel*	**hice**	*ich machte*
zumo	*Saft*	aber	
cero	*Null*	**hizo**	*er machte*
cima	*Gipfel*		

LEICHT GEMERKT

Merksatz zur Rechtschreibung:
Vor **-e** und **-i** wird **z** zu **c**.

- Ein unbetontes **i** wird zwischen Vokalen immer zu einem **y**.

caigo	*ich falle*
caí	*ich fiel*
cayó	*er fiel*
cayendo	*fallend*

Satzzeichen

,	**la coma**	*das Komma*
;	**el punto y coma**	*das Semikolon*
:	**los dos puntos**	*der Doppelpunkt*
.	**el punto (final)**	*der Punkt (am Ende eines Satzes)*
...	**los puntos suspensivos**	*die Auslassungspunkte*
¿ ?	**los signos de interrogación**	*die Fragezeichen*
¡ !	**los signos de admiración**	*die Ausrufezeichen*
( )	**el paréntesis**	*die runde Klammer*
[ ]	**el corchete**	*die eckige Klammer*
-	**el guión**	*der Bindestrich*
–	**la raya**	*der Gedankenstrich*
/	**la barra**	*der Schrägstrich*
" "	**las comillas**	*die Anführungsstriche*
@	**la arroba**	*der Klammeraffe*

Fragen und Ausrufe werden im Spanischen von einem umgekehrten Frage- bzw. Ausrufezeichen eingeleitet, wobei nur der eigentliche Frage- bzw. Ausrufesatz zwischen den beiden Frage- bzw. Ausrufezeichen steht.

¿Tomas café o té? *Trinkst du Kaffee oder Tee?*
¡Pásame la sal, por favor! *Gib mir bitte das Salz rüber!*
El pescado está riquísimo, ¿verdad? *Der Fisch ist sehr lecker, nicht wahr?*
¡Claro!, dijo mi hermana. *Klar, sagte meine Schwester.*

Bei der Silbentrennung sollten Sie daran denken, dass das **rr, ll, ch**, Buchstabengruppen (**br**, **cl**, **pr** usw.) und Doppellaute nicht getrennt werden.

el pe-rro, **el va-lle**, **la le-che**
a-bri-mos, **a-cla-rar**, **com-pró**
nue-vo, **far-ma-cia**, **pia-no**

2 DER ARTIKEL

Wie im Deutschen unterscheidet man im Spanischen zwischen dem bestimmten und dem unbestimmten Artikel.

Alberto es el amigo de mi hermano. — *Alberto ist der Freund meines Bruders.*
Es una persona muy simpática. — *Er ist ein sehr netter Mensch.*

1. Die Formen des bestimmten und unbestimmten Artikels

Da die spanische Sprache keine sächlichen Substantive kennt, gibt es bei diesen nur einen männlichen und einen weiblichen Artikel.

		bestimmter Artikel		unbestimmter Artikel	
Singular	männlich	**el**	amigo	**un**	amigo
	weiblich	**la**	rosa	**una**	rosa
Plural	männlich	**los**	amigos	**unos**	amigos
	weiblich	**las**	rosas	**unas**	rosas

In der Regel steht vor männlichen Substantiven der bestimmte Artikel **el** und der unbestimmte **un**, im Plural der bestimmte Artikel **los** und der unbestimmte **unos**, vor weiblichen Substantiven der bestimmte Artikel **la** und der unbestimmte **una**, im Plural der bestimmte **las** und der unbestimmte **unas**.

Die Ausnahme bilden weibliche Substantive, die mit betontem **a-** oder **ha-** anfangen. Diese haben wegen der sonst schwierigen Aussprache im Singular den Artikel **el** und **un**, im Plural **las** und **unas**.

el ala — *der Flügel*
las alas — *die Flügel*
un ala — *ein Flügel*
unas alas — *einige Flügel*
el haya — *die Buche*
las hayas — *die Buchen*
un haya — *eine Buche*
unas hayas — *einige Buchen*

Die Präpositionen **a** und **de** werden mit dem bestimmten, männlichen Artikel des Singulars zusammengezogen.

a	+ el	= al	Voy al cine.	*Ich gehe ins Kino.*
de	+ el	= del	Viene del jardín.	*Er/Sie kommt aus dem Garten.*

Viajan mañana al Japón. *Sie reisen morgen nach Japan.*

Ist **el** Teil des Eigennamens, gilt diese Regel nicht.

Acaban de volver de El Salvador. *Sie sind gerade aus El Salvador zurückgekommen.*
En Toledo visitamos la casa de El Greco. *In Toledo haben wir das Haus von El Greco besichtigt.*
Han sacado muchas fotos de El Escorial. *Sie haben viele Fotos vom Escorial gemacht.*
¿Mandaste la carta a El País? *Hast du den Brief an El País geschickt?*

Vor Adjektiven, Partizipien, Pronomen und Adverbien, jedoch nie vor Substantiven wird der sächliche Artikel **lo** verwendet, der für **lo que es** – *das was ist* steht:

lo bueno *das Gute*
lo nuestro *das Unsere*
lo ocurrido *das Geschehene*
lo antes posible *möglichst bald*

Die deutsche Sprache kennt keine Mehrzahl des unbestimmten Artikels: **unos/unas** entspricht dem deutschen *manche, einige*. Aber Achtung! Die Formen **unos/unas** können zusammen mit Zahlen und Mengenangaben auch in der Bedeutung von *etwa, circa, ungefähr* vorkommen.

Tengo unos libros muy interesantes. *Ich habe (ein paar) sehr interessante Bücher.*
Tengo unos mil libros. *Ich habe ungefähr eintausend Bücher.*

LEICHT GEMERKT

Die bestimmten Artikel heißen **el**, **la**, **los**, **las**.
Die unbestimmten Artikel heißen **un**, **una**, **unos**, **unas**.
Die Präpositionen **a** und **de** werden mit dem männlichen Artikel **el** verschmolzen.

a + el = al
de + el = del

Ist **el** Teil des Eigennamens, gilt diese Regel nicht.

Vengo del Japón y viajo mañana a El Cairo.	*Ich komme aus Japan und reise morgen nach Kairo.*

Beginnt ein weibliches Substantiv mit einem betonten **a-** oder **ha-,** wird im Singular der männliche Artikel **el** benutzt.

el ala – **las** alas

Wenn Sie die doch recht trockenen Regeln in eigene Worte kleiden und vielleicht noch einen Reim finden, speichert Ihr Gehirn das sicher viel schneller.

Wie wäre es mit folgendem Satz:
El ala ist doch weiblich, klar,
bloß liegt die Betonung auf dem ersten "**a**".

2. Der Gebrauch des Artikels

In der Regel werden die bestimmten Artikel **el, la, los** und **las** wie im Deutschen bei Begriffen verwendet, die schon zuvor erwähnt wurden oder bei denen der Sprecher schon weiß, um was es sich handelt. Die unbestimmten Artikel **un, una, unos, unas** hingegen werden bei Begriffen verwendet, die noch nicht erwähnt wurden oder bei denen es sich um eine beliebige Person oder einen beliebigen Gegenstand handelt.

Der bestimmte Artikel steht

- bei Zeitangaben und der Uhrzeit,

la semana pasada	*letzte Woche*
el año que viene	*nächstes Jahr*
a las cinco de la tarde	*um fünf Uhr Nachmittag*
Son las doce en punto.	*Es ist Punkt zwölf Uhr.*

- bei Wochentagen,

Los viernes hacemos las compras.	*Freitags kaufen wir ein.*
El martes me encuentro con Paloma.	*Am Dienstag treffe ich mich mit Paloma.*

- bei Sport, Spiel und Instrumenten,

Mi hijo juega al fútbol.	*Mein Sohn spielt Fußball.*
Nos encanta jugar a las cartas.	*Wir spielen sehr gerne Karten.*
No todos los españoles tocan la guitarra.	*Nicht alle Spanier spielen Gitarre.*

- manchmal vor Orts- oder Eigennamen,

(el) Japón	*Japan*
(la) Argentina	*Argentinien*
(el) Perú	*Peru*
(la) India	*Indien*

- immer als Bestandteil des Namens,

La Habana	*Havanna*
El Ferrol	*El Ferrol*
La Paz	*La Paz*
El Cairo	*Kairo*
La Coruña	*La Coruña*
aber	
Suiza	*die Schweiz*
Turquía	*die Türkei*

- vor Familiennamen, wenn ein Ehepaar oder eine Familie gemeint ist,

los Pérez	*die Familie/das Ehepaar Pérez*
los Ortega	*die Ortegas*

- vor Anredeformeln und Titeln, wenn über jemanden in der 3. Person gesprochen wird,

Esta es la señora Martín.	*Das ist Frau Martín.*
¿Dónde vive el doctor Gómez?	*Wo wohnt Dr. Gómez?*

- in Sätzen, in denen verallgemeinert wird oder universell geltende Aussagen über eine Person oder eine Sache getroffen werden. Im Deutschen fällt in diesen Fällen der Artikel weg.

El pan es nutritivo.	*Brot ist nahrhaft.*
Los españoles hablan rápido.	*Spanier sprechen schnell.*
No me gusta el café.	*Kaffee schmeckt mir nicht.*
Me gustan los niños.	*Ich mag Kinder.*

LEICHT GEMERKT

Wenn Sie sich merken wollen, dass der bestimmte Artikel immer bei **Wochentagen**, der **Uhrzeit**, **Instrumenten** und **Sport** steht, dann ist dieser Bandwurmsatz vielleicht von Nutzen. Speichern Sie den Inhalt vor Ihrem inneren Auge ab und Sie werden ihn nie mehr vergessen.

Los martes a **las cinco** yo estudio español, mi hermana toca **el violín** y después jugamos **al tenis**.

Der unbestimmte Artikel

Als unbestimmter Artikel werden **unos** oder **unas** vor Substantiven gebraucht, die nur im Plural verwendet werden.

Berta se ha comprado unos vaqueros blancos.	*Berta hat sich weiße Jeans gekauft.*
Necesito unas gafas para leer.	*Ich brauche eine Lesebrille.*

Vorsicht bei Berufsbezeichnungen:
Berufsbezeichnungen stehen im Spanischen ohne Artikel:

Ella es estudiante.	*Sie ist Studentin.*

Wird der Beruf durch ein Adjektiv näher ergänzt, muss der unbestimmte Artikel hinzugefügt werden.

Pablo es un cocinero muy bueno.	*Pablo ist ein sehr guter Koch.*

Im Spanischen steht der unbestimmte Artikel nicht

- vor **otro** und **medio**

¿Tienen otra novela de Carme Riera?	*Haben Sie noch einen anderen Roman von Carme Riera?*
He tomado medio litro de leche.	*Ich habe einen halben Liter Milch getrunken.*

- in Verbindung mit **tener** oder **llevar**, wenn es sich um eine allgemeine Aussage handelt.

¿Tenéis ordenador?	*Habt ihr einen Computer?*
Tienen hijos.	*Sie haben Kinder.*
Mi marido siempre lleva boina.	*Mein Mann trägt immer eine Baskenmütze.*
Belén lleva gafas.	*Belén trägt eine Brille.*

LEICHT GEMERKT

Vor **otro** und **medio** steht nie der unbestimmte Artikel.

Merksatz:
Otro und **medio** stehen allein, wollen nie bei **uno** sein.

Im Spanischen steht häufig kein Artikel

- wenn das direkte Objekt, d. h. das Akkusativobjekt nicht zählbar ist,

¿Quieres té o café?	*Willst du Tee oder Kaffee?*
En la bolsa hay pan.	*In der Tüte ist Brot.*
Dame agua.	*Gib mir Wasser.*

- wenn das direkte Objekt oder auch das Subjekt eines Satzes zwar zählbar ist, aber die Menge keine Rolle spielt und im Deutschen mit *ein paar, einige* oder *manche* ausgedrückt werden könnte,

Viene gente.	*Da kommen Leute.*
Compra manzanas.	*Kauf Äpfel.*

- in verneinten Sätzen.

No tengo tiempo.	*Ich habe keine Zeit.*
No como carne.	*Ich esse kein Fleisch.*
No nos queda fruta.	*Es ist kein Obst mehr da.*
Ahora no vienen clientes.	*Jetzt kommen keine Kunden.*

3 DAS SUBSTANTIV

Mit den Substantiven bezeichnen wir Menschen, Tiere, Dinge, Lebensmittel, Ideen, Spiele ... und natürlich auch ganz konkrete Personen, Orte usw.

el amigo	*der Freund*	**la leche**	*die Milch*
Antonio y Carmen	*Antonio und Carmen*	**Cuba**	*Kuba*
el gato	*die Katze*	**la alegría**	*die Freude*
las vacaciones	*die Ferien*	**Canarias**	*die Kanaren*

1. Männlich oder weiblich: Das Geschlecht

Im Spanischen sind Substantive entweder männlich oder weiblich; sächliche Substantive (das Neutrum) kennt die spanische Sprache nicht. Ob ein Substantiv männlich oder weiblich ist, lässt sich bei den folgenden Gruppen oft aus der Bedeutung erschließen:

- Bei Menschen entspricht das Geschlecht des Wortes dem der bezeichneten Person.

el padre	*der Vater*	**la madre**	*die Mutter*
el yerno	*der Schwiegersohn*	**la nuera**	*die Schwiegertochter*
el chico	*der Junge*	**la chica**	*das Mädchen*
el niño	*das Kind (der kleine Junge)*	**la niña**	*das Kind (das kleine Mädchen)*

- Wie im Deutschen auch finden wir bei Tieren entweder zwei Formen, d. h. eine für jedes Geschlecht

el perro - la perra	*der Hund - die Hündin*
el gato - la gata	*der Kater - die Katze*
el caballo - la yegua	*das Pferd/der Hengst - die Stute*
el toro - la vaca	*der Stier - die Kuh*

oder ein gemeinsames Wort für beide.

el ratón	*die Maus*
el gorrión	*der Spatz*
la serpiente	*die Schlange*
la mariposa	*der Schmetterling*

Häufig kann man aber auch mit mehr oder weniger großer Sicherheit an der Endung erkennen, ob ein Wort männlich oder weiblich ist:

- Wörter, die auf **-o** enden, sind meistens männlich; es gibt jedoch einige Ausnahmen.

el mundo	*die Welt*	**el libro**	*das Buch*
el tiempo	*die Zeit/das Wetter*	**el periódico**	*die Zeitung*
aber			
la mano	*die Hand*	**la foto(grafía)**	*das Foto*
la radio	*das Radio*	**la moto(cicleta)**	*das Motorrad*

In zahlreichen Ländern Lateinamerikas wird allerdings **el radio** statt **la radio** gebraucht.

- Andere typisch männliche Endungen sind **-ón, -or, -aje, -ismo** oder **-m(i)ento**.

el color	*die Farbe*	**el garaje**	*die Garage*
el socialismo	*der Sozialismus*	**el monumento**	*das Denkmal*
el ayuntamiento	*das Rathaus*	**el limón**	*die Zitrone*
aber			
la flor	*die Blume*	**la labor**	*die Arbeit*

LEICHT GEMERKT

Merksatz:
(für männliche Substantive)
el señ**or**, **el** mund**o**, **el** pais**aje** y **el** planet**a**.
der Mann, die Welt, die Landschaft und der Planet

- Wörter, die auf **-a** enden, sind im Allgemeinen weiblich.

la silla	*der Stuhl*	**la comida**	*das Essen*
la ventana	*das Fenster*	**la persona**	*die Person*
aber			
el día	*der Tag*	**el clima**	*das Klima*
el sofá	*das Sofa*	**el mapa**	*die Landkarte*
el planeta	*der Planet*	**el cometa**	*der Komet*

- Die Endungen **-dad, -ción, -sión, -tad, -tud** oder **-ez** sind ausnahmslos weiblich.

la ciudad	*die Stadt*	**la acción**	*die Handlung*
la comprensión	*das Verständnis*	**la juventud**	*die Jugend*
la honradez	*die Ehrlichkeit*	**la amistad**	*die Freundschaft*

LEICHT GEMERKT

Merksatz:
(für weibliche Substantive)
la vid**a**, **la** niñ**ez**, **la** juven**tud** y **la** liber**tad** en **la** actuali**dad**.
das Leben, die Kindheit, die Jugend, die Freiheit in der Gegenwart

- Berufs- oder Personenbezeichnungen, die auf **-ista** oder **-ante** enden, haben für beide Geschlechter dieselbe Form. Auch bei einigen Substantiven auf **–(i)ente** ist dies der Fall.

el periodista - la periodista	*der Journalist - die Journalistin*
el dentista - la dentista	*der Zahnarzt - die Zahnärztin*
el turista - la turista	*der Tourist - die Touristin*
el optimista - la optimista	*der Optimist - die Optimistin*
el estudiante - la estudiante	*der Student - die Studentin*
el comerciante - la comerciante	*der Geschäftsmann - die Geschäftsfrau*
el protestante - la protestante	*der Protestant - die Protestantin*
el hispanohablante - la hispanohablante	*der/die Spanischsprechende*
el paciente - la paciente	*der Patient - die Patientin*
el oyente - la oyente	*der Hörer - die Hörerin*

Im Gegensatz zum Deutschen sind Buchstaben immer weiblich und Zahlen männlich.

la eñe	*das ñ*	**el tres**	*die Drei*

Die Bildung der weiblichen Form

Die weibliche Form zu einem männlichen Begriff kann ein eigenständiges Wort, von dem Stamm der männlichen Form abgeleitet oder mit dieser identisch sein.

el hombre – la mujer	*der Mann – die Frau*
el profesor – la profesora	*der Lehrer – die Lehrerin*
el obrero – la obrera	*der Arbeiter – die Arbeiterin*
el cantante – la cantante	*der Sänger – die Sängerin*
el taxista - la taxista	*der Taxifahrer - die Taxifahrerin*

Bei der Ableitung weiblicher Formen von der männlichen Entsprechung sind folgende Endungen häufig: **-a, -esa, -isa, -ina, -triz.**

el médico - la médica	*der Arzt - die Ärztin*
el traductor - la traductora	*der Übersetzer - die Übersetzerin*
el conde - la condesa	*der Graf - die Gräfin*
el poeta - la poetisa	*der Dichter - die Dichterin*
el héroe - la heroína	*der Held - die Heldin*
el actor - la actriz	*der Schauspieler - die Schauspielerin*

LEICHT GEMERKT

Männlich ist in der Regel ein Substantiv

- wenn es eine männliche Person oder ein männliches Tier bezeichnet
- eine Zahl ist
- auf **-o** endet
- auf **-or**, **-aje**, **-ismo** oder **-m(i)ento** endet
- auf **-ma** endet und aus dem Griechischen stammt

Weiblich ist in der Regel ein Substantiv

- wenn es eine weibliche Person oder ein weibliches Tier bezeichnet
- ein Buchstabe ist
- auf **-a** endet
- auf **-dad**, **-ción**, **-sión**, **-tud** oder **-ez** endet

Männlich **oder** weiblich sind Personenbezeichnungen

- wenn sie auf **-ista, -ante, -(i)ente** enden

Tipp:
Am besten merken Sie sich jedoch das Geschlecht, wenn Sie jedes neue Substantiv gleich mit Artikel lernen.

Einige gebräuchliche Wörter sind weiblich und männlich, ohne ein natürliches Geschlecht zu haben. Gebraucht wird meist die männliche Form, die weibliche wird manchmal im regionalen oder literarischen Sprachgebrauch bevorzugt.

el calor/la calor	*die Hitze*
el mar/la mar	*das Meer, die See*

Die weibliche Form ist unter Küstenbewohnern üblich, ansonsten literarisch und drückt eine stärkere Verbundenheit mit dem Meer aus.

Das Wort **arte** ist in der Einzahl männlich und in der Mehrzahl weiblich.

el arte gótico	*die gotische Kunst*
las bellas artes	*die schönen Künste*

Je nach Genus (Geschlecht) können auch Unterschiede in Größe und Form ausgedrückt werden

el bolso	*die Handtasche*
la bolsa	*die (Papier-)Tüte, die leichte Tasche*
el cesto	*der hohe zweihenkelige Korb*
la cesta	*der weite Korb mit einem Henkel*
el jarro	*der einhenkelige Krug*
la jarra	*der Krug mit weiter Öffnung*
el barco	*das Schiff*
la barca	*das Boot, der Kahn*

oder ganz und gar verschiedene Bedeutungen.

el capital	*das Kapital*	**la capital**	*die Hauptstadt*
el cólera	*die Cholera*	**la cólera**	*der Zorn*
el cura	*der Pfarrer*	**la cura**	*die Kur*
el coma	*das Koma*	**la coma**	*das Komma*
el pendiente	*der Ohrring*	**la pendiente**	*der Abhang*
el frente	*die Front*	**la frente**	*die Stirn*

LEICHT GEMERKT

Wenn Sie sich für eines der Wörter jeweils einen kurzen Merksatz ausdenken, werden Sie sie nicht so schnell wieder vergessen.

Merksatz:
La frente bietet mir die **Stirn.**
oder
La capital die Hauptstadt ist.

2. Die Pluralbildung

Wie im Deutschen wird auch im Spanischen zwischen Singular (Einzahl) und Plural (Mehrzahl) unterschieden.

Generell gilt im Spanischen: An Wörter, die auf einen Vokal enden, wird ein **-s** angehängt; an Wörter, die auf einen Konsonanten enden, wird ein **-es** angehängt.

Singular	Plural	Singular	Plural
el cuaderno la hora el coche la torre	los cuaderno**s** las hora**s** los coche**s** las torre**s**	el árbol la flor el doctor la nación	los árbol**es** las flor**es** los doctor**es** las nacion**es**

Bei Wörtern, die auf ein **-n** oder **-s** nach einem betonten Vokal enden, fällt bei der Pluralbildung der Akzent weg.

el biberón – los biberones *das Babyfläschchen – die Babyfläschchen*
el autobús – los autobuses *der Bus – die Busse*

Substantive, die auf ein **-s** nach einem unbetonten Vokal enden, bleiben im Plural unverändert.

el martes – los martes *der Dienstag – die Dienstage*
el paraguas – los paraguas *der Regenschirm – die Regenschirme*

An Substantive, die auf betontem **-í** oder **-ú** enden, wird ein **-es** angehängt.

el jabalí – los jabalíes *das Wildschwein – die Wildschweine*
el hindú – los hindúes *der Hindu – die Hindus*

Enden Substantive auf einen anderen, betonten Vokal, wird im Plural ein **-s** angehängt.

el sofá – los sofás *das Sofa – die Sofas*
el bebé – los bebés *das Baby – die Babys*

Wörter, die auf **-z** enden, bilden zwar den Plural regelmäßig mit **-es**, das **z** wird jedoch zu einem **c**.

el pez – los peces *der Fisch – die Fische*
el lápiz – los lápices *der Bleistift – die Bleistifte*
una vez – varias veces *ein Mal – mehrere Male*

LEICHT GEMERKT

Merksatz:
el pez es singular,
el plural hay que cambiar: los peces.
Der Fisch ist Singular,
der Plural muss geändert werden: die Fische.

Die Pluralbildung von Fremdwörtern ist häufig unregelmäßig.

el club - los clubs/clubes	*der Klub - die Klubs*
el walkman - los walkmans	*der Walkman - die Walkmans*
el parking - los parkings	*der Parkplatz - die Parkplätze*

Einige Substantive können im Plural eine zweite Bedeutung haben.

el abuelo	*der Großvater*	**los abuelos**	*die Großeltern*
el padre	*der Vater*	**los padres**	*die Eltern*
el hijo	*der Sohn*	**los hijos**	*die Kinder*
el hermano	*der Bruder*	**los hermanos**	*die Geschwister*
el suegro	*der Schwiegervater*	**los suegros**	*die Schwiegereltern*
la letra	*der Buchstabe*	**las Letras**	*die Geisteswissenschaften*

Einige Wörter bilden (grundsätzlich) keinen Plural.

el dinero	*das Geld*	**el sarampión**	*die Masern*
la ecología	*die Ökologie*		

Manche Substantive werden meist im Plural verwendet, auch wenn sie nur einen Gegenstand bezeichnen.

la(s) braga(s)	*der Schlüpfer*
la(s) tenaza(s)	*die Zange*
la(s) tijera(s)	*die Schere*
el pantalón/los pantalones	*die Hose*

Bei manchen Wörtern, die im Deutschen immer im Singular bzw. Plural stehen, verhält es sich im Spanischen genau umgekehrt:

las gafas	*die Brille*	**la gente**	*die Leute*
las vacaciones	*der Urlaub*	**la pasta**	*die Nudeln*
los cubiertos	*das Besteck*	**la caspa**	*die Kopfschuppen*
los estudios	*das Studium*	**la luna de miel**	*die Flitterwochen*

Merksatz:
Gente que come pasta no tiene caspa.
Leute, die Nudeln essen, haben keine Schuppen.

LEICHT GEMERKT

3. Wortbildung im Spanischen

Lange, zusammengesetzte Wörter, wie Sie sie im Deutschen kennen und tagtäglich bilden, gibt es im Spanischen nur sehr selten. An ihrer Stelle findet man meist eigenständige Begriffe oder Wortkombinationen mit **de**.

el biberón	*das Babyfläschchen*
la botella de vino	*die Weinflasche*

Natürlich werden auch längere Wörter zusammengesetzt, häufig mit Hilfe von Vorsilben

la posguerra	*die Nachkriegszeit*
el descubrimiento	*die Entdeckung*
los antepasados	*die Vorfahren*
la independencia	*die Unabhängigkeit*

oder tatsächlich mit zwei Wörtern.

Latinoamérica	*Lateinamerika*
el ferrocarril	*die Eisenbahn*
el marcapáginas	*das Lesezeichen*
el cumpleaños	*der Geburtstag*

Sehr aktiv ist die spanische Sprache im Bereich der Verkleinerungs- und Vergrößerungsformen.

- Häufige Verkleinerungsformen sind **-ito, -cito, -ico, -illo** oder **-ín**; sie können auch Zärtlichkeit oder Sympathie ausdrücken.

arbolito	*Bäumchen*	**cochecito**	*Wägelchen*
ratico	*Weilchen*	**pajarillo**	*Vöglein*
chavalín	*Bübchen*		

- Die Endungen **-ón, -tón, -ote** oder **-azo** bilden die Vergrößerungsformen.

bofetón	*saftige Ohrfeige*	**hombretón**	*kräftiger Mann*
librote	*Wälzer*	**exitazo**	*Bombenerfolg*

- Endungen wie **-aco** oder **-ucho** drücken Geringschätzung aus.

libraco	*schlechtes Buch*	**papelucho**	*Wisch*

LEICHT GEMERKT

Sie bilden den Plural in der Regel, indem Sie

- an einen Vokal ein **-s** hängen
- an einen Konsonanten ein **-es** hängen

Vergessen Sie nie, den Akzent eventuell wegzulassen oder das **z** vor **-e** und **-i** in ein **c** zu verwandeln.

Es gibt Substantive, die im Plural eine andere Bedeutung haben als im Singular.

Es gibt Substantive, die fast nur im Plural stehen.

Es gibt Substantive, die im Deutschen im Plural gebraucht werden, im Spanischen aber im Singular.

Tipp:
Versuchen Sie doch einmal, für jeden Punkt ein Beispiel zu finden. Dann wissen Sie gleich, was Sie sich gemerkt haben und was Sie demnächst wiederholen sollten.

DAS ADJEKTIV

Die Adjektive begleiten meist die Substantive, um diese näher zu beschreiben oder zu identifizieren.

Im Bereich der Adjektive spielt die Verwendung der Verben **ser** und **estar** eine besonders wichtige Rolle. Notwendiges zur Gegenüberstellung finden Sie auf S. 142 ff.

1. Die Formen des Adjektivs

In der Form verändern sich die Adjektive genauso wie das Substantiv, d. h. sie passen sich in Zahl und Geschlecht immer dem Substantiv an.

el chico simpático	**los chicos simpáticos**
la chica simpática	**las chicas simpáticas**

Dies ist immer der Fall, unabhängig davon, ob das Adjektiv direkt beim Substantiv oder hinter dem Verb steht.

el perro blanco	*der weiße Hund*
mi perro es blanco	*mein Hund ist weiß*

Die Adjektive lassen sich ihrer Form nach in zwei Gruppen zusammenfassen:

- Alle Adjektive, deren männliche Form im Singular auf **-o** endet, haben zwei bzw. mit dem Plural vier unterschiedliche Endungen.

el gato negro	dann	**la gata negra**
		los gatos negros
		las gatas negras

- Bei allen anderen Adjektiven sind in der Regel die weibliche und männliche Form gleich.

el libro/la película interesante	*das interessante Buch/der interessante Film*
los libros/las películas interesantes	*die interessanten Bücher/Filme*
el traje/la blusa azul	*der blaue Anzug/die blaue Bluse*
los trajes/las blusas azules	*die blauen Anzüge/Blusen*
el hombre/la mujer joven	*der junge Mann/die junge Frau*
los hombres/las mujeres jóvenes	*die jungen Männer/Frauen*
el tulipán/la flor rosa	*die rosa Tulpe/Blume*
los tulipanes/las flores rosa	*die rosa Tulpen/Blumen*

Auch hier bestätigen die Ausnahmen die Regel:

- Bei Adjektiven, die auf **-án**, **-ín**, **-ón** oder **-or** enden, wird in der weiblichen Form ein **-a** angehängt. Gemäß den Betonungsregeln entfällt dann der grafische Akzent in der weiblichen Form sowie in den Pluralformen.

holgazán, holgazana	*faul*
parlanchín, parlanchina	*gesprächig*
cabezón, cabezona	*dickköpfig*
trabajador, trabajadora	*fleißig*

- Bei Adjektiven, die auf **-ete** oder **-ote** enden, wird der letzte Vokal durch ein **-a** ersetzt.

majete, majeta	*nett*
grandote, grandota	*groß*

- Bei Nationalitätsadjektiven, die auf einen Konsonanten enden, wird zur Bildung der weiblichen Form ein **-a** angehängt.

el vino español	*der spanische Wein*
– la vida española	*– das spanische Leben*
el estado alemán	*der deutsche Staat*
– la cerveza alemana	*– das deutsche Bier*
el estilo inglés	*der englische Stil*
– la lengua inglesa	*– die englische Sprache*

- Bei den Nationalitäten haben jedoch Adjektive mit den Endungen **-e, -a, -í** oder **-ú** sowohl im Singular als auch im Plural dieselbe Form für beide Geschlechter.

árabe(s)	*arabisch*
belga(s)	*belgisch*
marroquí(es)	*marokkanisch*
bantú(es)	*bantuisch*

! Bitte beachten Sie, dass nach den Grundregeln der Akzentsetzung im Spanischen bei Adjektiven mit einem Akzent auf der letzten Silbe dieser bei der Bildung der weiblichen Form durch das Anhängen des **-a** wegfällt.

francés – francesa	*französisch*
juguetón – juguetona	*verspielt*

LEICHT GEMERKT

Das sollten Sie sich merken:

Die Adjektive passen sich in Zahl und Geschlecht immer dem Substantiv an.

Bei Adjektiven, deren männliche Form auf **-o** endet, gilt:

Das Adjektiv,
es passt sich an:
-a, **-as** die Frau
-o, **-os** der Mann.

Sonst sind die männliche und weibliche Form im Singular und Plural gleich.
Die Farbadjektive **rosa**, **lila**, **naranja** und **violeta** sind unveränderlich.

Bei Adjektiven auf **-án**, **-ín**, **-ón**, **-or** wird bei der weiblichen Form ein **-a** angehängt und der Akzent entfällt.

Merksatz:
-or, -ín, -**ón**, **-án**,
ein **-a** muss dran

2. Die Stellung des Adjektivs

Im Gegensatz zum Deutschen finden Sie das spanische Adjektiv im Allgemeinen hinter dem Substantiv.

un paisaje bonito	*eine schöne Landschaft*
un niño pequeño	*ein kleines Kind*
una casa grande	*ein großes Haus*

Natürlich gibt es auch hier Ausnahmen:

- Ordnungszahlen können sowohl vor als auch hinter dem Hauptwort stehen (▸ auch „Die Ordnungszahlen“).

  el piso segundo oder **el segundo piso** *der zweite Stock*

- Immer vorangestellt werden **mucho, -a, poco, -a** und **otro, -a** (▸ auch „Das Indefinitpronomen“).

mucho trabajo	*viel Arbeit*
pocas personas	*wenige Leute*
otra cosa	*eine andere Sache*

- Vorangestellte Adjektive sind ein Stilmittel in der literarischen Sprache; sie können aber auch eine typische Eigenschaft ausdrücken oder eine zweite, übertragene Bedeutung haben.

el frío invierno	*der kalte Winter* (innewohnende Eigenschaft)
una dulce mirada	*ein süßer Blick* (poetisch, übertragen)

- Bei einigen wenigen Adjektiven hat die Stellung eine bedeutungstragende Rolle.

un hombre pobre	*ein armer Mann* (ohne Geld)
aber	
un pobre hombre	*ein armer Kerl* (bedauernswert)
un amigo viejo	*ein älterer Freund* (der schon alt ist)
aber	
un viejo amigo	*ein alter Freund* (mit dem man eine lange Freundschaft verbindet)
una mujer grande	*eine große Frau* (groß gebaut)
aber	
una gran mujer	*eine große Frau* (bedeutend, großartig)
una casa antigua	*ein altes Haus*
aber	
mi antigua casa	*mein früheres Haus/meine frühere Wohnung*

! Bitte beachten Sie, dass bei den folgenden, sehr gebräuchlichen Adjektiven die Endung **-o** der männlichen Form Singular wegfällt, wenn sie vorangestellt werden:

un coche bueno	aber	**un buen coche**	*ein gutes Auto*
tiempo malo	aber	**mal tiempo**	*schlechtes Wetter*
piso primero	aber	**primer piso**	*erster Stock*
puesto tercero	aber	**tercer puesto**	*dritte Stelle*

In Spanien und Lateinamerika ist folgende Redewendung beim Schlussverkauf sehr bekannt.

Merksatz:
Quiero algo **bueno**, **bonito** y **barato**.
Ich möchte etwas Gutes, Schönes und Günstiges.

LEICHT GEMERKT

Bueno, **malo**, **primero** und **tercero** werden vor einem männlichen Substantiv verkürzt.

Merksatz:
A mal tiempo buena cara.
Gute Miene zum bösen Spiel.

LEICHT GEMERKT

Das Wort **grande** verliert im männlichen und weiblichen Singular die Endung **-de**, wenn es vor einem Substantiv steht.

una ciudad grande	*eine große Stadt*
aber	
una gran ciudad	*eine Großstadt*

Das Wort **santo** verliert die Endung **-to** vor männlichen Eigennamen, sofern sie nicht mit Do- oder To- beginnen.

San José	*der heilige Josef*
San Juan	*der heilige Johannes*
San Francisco	*der heilige Franziskus*
aber	
Santo Domingo	*der heilige Dominikus*
Santo Tomás	*der heilige Thomas*

3. Die Verstärkung des Adjektivs

Falls Sie der Meinung sind, dass ein Restaurant nicht einfach nur teuer, sondern sehr teuer ist, bietet Ihnen auch das Spanische die Möglichkeit, das zum Ausdruck zu bringen.

un restaurante caro	*ein teures Restaurant*
un restaurante muy caro	*ein sehr teures Restaurant*
un restaurante carísimo	*ein sehr sehr teures Restaurant*

Sowohl die Kombination **muy** + Adjektiv als auch die Endung **-ísimo, -a, -os, -as** sind sehr gebräuchliche Verstärkungen; die Letztere drückt einen noch höheren Grad der jeweiligen Eigenschaft aus.

muy viejo – viejísimo	*sehr alt – uralt*
muy interesante – interesantísimo	*sehr interessant – höchst/äußerst interessant*

Auch anhand folgender Kombinationen lassen sich Adjektive verstärken:

extraordinariamente valioso	*außerordentlich/äußerst wertvoll*
bastante importante	*ziemlich wichtig*
un poco aburrido	*etwas/ein bisschen langweilig*
poco frecuentado	*mäßig besucht*
no muy amable	*nicht sehr freundlich*
nada barato	*überhaupt nicht billig*

Einige Adjektive weisen bei der Hinzufügung von **-ísimo** Veränderungen in der Schreibweise auf.

g ▸ gu	**amargo**	▸	**amarguísimo**	*bitter*
	largo	▸	**larguísimo**	*lang*
c ▸ qu	**rico**	▸	**riquísimo**	*reich*
	poco	▸	**poquísimo**	*wenig*

Bei einigen Formen ändert sich der Stamm des Wortes.

amable	▸	**amabilísimo**	*freundlich*
antiguo	▸	**antiquísimo**	*alt*
fuerte	▸	**fortísimo**	*stark*

4. Vergleich und Steigerung des Adjektivs

Der Vergleich

Zwei Personen oder Dinge miteinander zu vergleichen ist im Spanischen sehr einfach:

Möchten Sie zum Beispiel sagen, dass ein bestimmtes Familienmitglied genau so nett ist wie die übrige Familie, drücken Sie dies mit **tan... como** oder **igual de... que** aus.

Es tan amable como toda la familia.	*Er/Sie ist so nett wie die ganze Familie.*
Es igual de amable que el resto de la familia.	*Er/Sie ist so nett wie die übrige Familie.*

Der Komparativ

Um Ungleichheit auszudrücken, verwenden Sie einfach das Adjektiv mit den Wörtchen **más... que** *(mehr)* oder **menos... que** *(weniger)*.

Este piso es más barato que el otro.	*Diese Wohnung ist billiger als die andere.*
La película es menos interesante que la novela.	*Der Film ist weniger interessant als der Roman.*

Bei einer Reihe von Adjektiven findet man sowohl eine regelmäßige als auch eine unregelmäßige Steigerungsform.

bueno ▸ mejor *gut · besser*	**Este piso es mejor que el otro.** *Diese Wohnung ist besser als die andere.*
aber **bueno ▸ más bueno** *artig, brav · artiger*	**Mateo es más bueno que su primo Jorge.** *Mateo ist artiger als sein Cousin Jorge.*
malo ▸ peor *schlecht · schlechter*	**La película es peor que la novela.** *Der Film ist schlechter als der Roman.*
aber **malo ▸ más malo** *ungezogen · ungezogener*	**A veces las chicas son más malas que los chicos.** *Manchmal sind die Mädchen ungezogener als die Jungen.*

grande ▸ mayor	**Este proyecto es de mayor importancia que el otro.**
groß · größer (wichtiger)	*Dieses Projekt ist von größerer Bedeutung als das andere.*
grande ▸ más grande	**Mi piso es más grande que el tuyo.**
größer (z.B. an Umfang)	*Meine Wohnung ist größer als deine.*
pequeño ▸ menor	**Es un error de menor importancia.**
klein · kleiner (geringer)	*Das ist ein Fehler von geringerer Bedeutung.*
pequeño ▸ más pequeño	**Esta maleta es más pequeña que la otra.**
kleiner (z.B. an Umfang)	*Dieser Koffer ist kleiner als der andere.*

Mayor und **menor** werden oft im Zusammenhang mit dem Alter gebraucht.

Yo ya soy mayor de edad.	*Ich bin schon volljährig.*
Ella todavía es menor de edad.	*Sie ist noch minderjährig.*
un mayor/una mayor	*ein Volljähriger/eine Volljährige*
un menor/una menor	*ein Minderjähriger/eine Minderjährige*
mi hija/hijo mayor	*mein ältester Sohn/meine älteste Tochter*
mi hermano/hermana mayor	*mein älterer Bruder/meine ältere Schwester*
un señor mayor/una señora mayor	*ein älterer Herr/eine ältere Dame*

Einige Wörter drücken schon in der Grundform eine Steigerung aus.

superior	*höher*	**inferior**	*niedriger*
excelente	*erstklassig*	**precioso**	*wunderschön*
maravilloso	*wunderbar*	**extraordinario**	*außergewöhnlich*

Bei Zahlen gelten andere Regeln: Verglichen wird bei diesen mit **más de**, während es bei **más que** zu einer Bedeutungsveränderung kommt.

Tienen más de noventa años.	*Sie sind über neunzig Jahre alt.*
aber	
No tengo más que mil euros en el banco.	*Ich habe nur tausend Euro auf der Bank.*

Der Superlativ

Genauso leicht ist auch die Bildung des relativen Superlativs im Spanischen. Der bestimmte Artikel vor der Steigerungsform reicht, um eine schon wichtigere Sache in die Wichtigste zu verwandeln.

Es la más lista (de todos).	*Sie ist am klügsten (von allen).*
Es el menos rápido.	*Er ist am wenigsten schnell (= am langsamsten).*
Somos los mejores.	*Wir sind die Besten.*
Estos son los más grandes/los mayores.	*Diese sind am größten.*

Den absoluten Superlativ bilden Sie, indem Sie die Endung **-ísimo (-a, -os, -as)** an den Stamm des Adjektivs anhängen.

caro	▸	**carísimo**	*sehr sehr teuer*
fino	▸	**finísimo**	*sehr sehr fein*
rápido	▸	**rapidísimo**	*sehr sehr schnell*

(!) Beachten Sie, dass der Akzent gemäß den Betonungsregeln gesetzt werden muss.

Das substantivierte Adjektiv

In Verbindung mit **lo** ist das Adjektiv substantiviert und somit etwas Abstraktes.

Lo malo es que lo olvido todo.	*Das Schlimme ist, dass ich alles vergesse.*
Lo difícil es ponerlo en práctica.	*Das Schwierige ist, es anzuwenden.*

LEICHT GEMERKT

Wir vergleichen mit dem Ausdruck **más... que/menos... que** *(mehr/weniger ... als).*
Aufgepasst: bei Zahlen heißt es **más de...**

Merksatz:

Bei Zahl **más de**... sonst tut es weh.
Den absoluten Superlativ bilden wir mit der Endung **-ísimo.**

Bei Adjektiven wie **amargo, largo**, **rico** und **poco**, wo die Schreibweise verändert werden muss, hilft der **Merksatz**:

g wird **gu** und **c** wird **qu**.

5 DAS ADVERB

Mit Hilfe des Adverbs, auch Umstandswort genannt, können wir die Umstände einer Handlung ausdrücken: Orts- oder Zeitangaben, Aussagen über die Art und Weise des Geschehens, über die Menge oder des Zweifels helfen uns, einer Handlung den richtigen Rahmen zu geben.

Im Deutschen finden wir sehr häufig ein Adjektiv, das als Adverb fungiert. In diesem Fall wird nicht ein Substantiv, sondern das Verb des Satzes beschrieben, z. B. wenn Sie sagen, dass der ICE *schnell* fährt oder Ihre Freunde *gut* erzählen können. Daneben gibt es natürlich auch reine Adverbien mit einer eigenen Form wie z. B. *schon, heute, hier, sofort* oder *oft*. Mal schauen, wie das Ganze auf Spanisch aussieht.

1. Die Formen des Adverbs

Nur bei sehr wenigen Adverbien stimmt die Form mit der des Adjektivs überein.

un tren rápido	*ein schneller Zug*
un tren lento	*ein langsamer Zug*
aber	
hablar rápido/rápidamente	*schnell sprechen*
hablar lentamente/despacio	*langsam sprechen*

Meist werden die Adverbien durch das Anhängen von **-mente** an die feminine Form des Adjektivs gebildet.

lento, lenta	▸	**lentamente**	*langsam*
terrible	▸	**terriblemente**	*schrecklich*
feliz	▸	**felizmente**	*glücklich*

Natürlich verfügt auch das Spanische über Adverbien mit einer eigenen, nicht vom Adjektiv abgeleiteten Form; in diesem Fall spricht man von den *ursprünglichen* Adverbien.

pronto	*früh, bald*	**siempre**	*immer*
aquí	*hier*	**así**	*so*

Neben diesen gibt es außerdem die adverbialen Ausdrücke, bei denen mehrere Elemente zusammen als Adverb fungieren.

de repente	*plötzlich*	**a menudo**	*oft*
sin embargo	*trotzdem*	**a veces**	*manchmal*

Adverbien werden allein gebraucht oder mit Adjektiven kombiniert, z. B. zur Verstärkung.

Lo lamento enormemente.	*Es tut mir außerordentlich Leid.*
Es enormemente peligroso.	*Es ist äußerst gefährlich.*

Wie im Deutschen auch sind Adverbien grundsätzlich unveränderlich.

Habla lentamente.	*Er/Sie spricht langsam.*
Hablan lentamente.	*Sie sprechen langsam.*

Vorsicht bei der Übersetzung von *sehr*. Hier verfügt das Spanische über zwei Wörter: **mucho** und **muy**. Direkt beim Verb als Adverb wird **mucho** verwendet; **muy** dagegen steht immer in Kombination mit einem weiteren Adverb oder einem Adjektiv. Wie die Adverbien ist auch **muy** unveränderlich (zum Gebrauch von **mucho** ▸ „Das Indefinitpronomen").

Nos gusta mucho.	*Es gefällt uns sehr.*
Te echo mucho de menos.	*Ich vermisse dich sehr.*
Siempre saludan muy cariñosamente.	*Sie grüßen immer sehr herzlich.*
Mi hermano es muy alto.	*Mein Bruder ist sehr groß.*

Im Spanischen gibt es zwei Wörter für das deutsche *gut*: **bueno, -a** als Adjektiv und **bien** als Adverb.

¡Qué comida tan buena!	*Was für ein gutes Essen!*
¡Qué bien sabe!	*Wie gut es schmeckt!*

Merksatz:
Hace bien disfrutar un vino bueno. *Es tut gut, einen guten Wein zu genießen.*

2. Die Bedeutung des Adverbs

Die Adverbien lassen sich inhaltlich in die folgenden Gruppen einteilen:

Modaladverbien

Die Modaladverbien drücken die Art und Weise einer Handlung aus. Oft werden sie von Adjektiven abgeleitet.

bien	*gut*	**así**	*so*
lógicamente	*logisch*	**con cuidado**	*vorsichtig*
despacio	*langsam*	**con gusto**	*gerne*

Temporaladverbien

Durch die Temporaladverbien wird die Zeit ausgedrückt.

antes	*früher*	**actualmente**	*zur Zeit*
hoy en día	*heutzutage*	**antiguamente**	*ehemals*
últimamente	*neulich, in letzter Zeit*	**finalmente**	*schließlich*
		tarde	*spät*
temprano	*früh*	**entonces**	*dann, danach*
luego	*später, nachher*	**pronto**	*bald, früh, demnächst*
más tarde	*später*		
a menudo	*oft, häufig*	**con frecuencia**	*oft, häufig*
muchas veces	*oft, häufig*	**a veces**	*manchmal*
casi nunca	*selten*	**nunca, jamás**	*nie, niemals*
hoy	*heute*	**ayer**	*gestern*
anteayer	*vorgestern*	**mañana**	*morgen*
anoche	*gestern Abend/ Nacht*	**aún, todavía**	*noch*
		de repente	*plötzlich*
ya	*schon*		

Lokaladverbien

Die drei wichtigsten Lokaladverbien oder auch *Ortsbestimmungen* sind:

aquí, acá	*hier*	bezieht sich auf einen Punkt in der unmittelbaren Nähe des Sprechers
ahí	*da*	bezieht sich auf einen Punkt in der Nähe des Gesprächspartners
allí, allá	*dort*	bezieht sich auf einen Punkt, der von beiden Gesprächspartnern weit entfernt ist

Zu dieser Gruppe gehören außerdem:

arriba ◂▸ abajo	*oben ◂▸ unten*
(hacia) adelante ◂▸ (hacia) atrás	*nach vorne, vorwärts ◂▸ nach hinten, rückwärts*

delante ◂▸ detrás	*vorne ◂▸ hinten*
encima ◂▸ debajo	*obendrauf ◂▸ untendrunter*
a la derecha ◂▸ a la izquierda	*(nach) rechts ◂▸ (nach) links*
al lado	*daneben*
enfrente	*gegenüber*
dentro ◂▸ fuera	*innen ◂▸ (dr)außen*
cerca ◂▸ lejos	*nah, in der Nähe ◂▸ weit weg*
por aquí (cerca)	*hier in der Nähe*
a casa	*nach Hause*
en casa	*zu Hause*
de casa	*von zu Hause*
en el centro	*in der Mitte*
al fondo	*ganz hinten, im Hintergrund*
al final	*am Ende*
en la esquina	*an der Ecke*
a la vuelta de la esquina	*um die Ecke*
todo seguido **todo recto** **todo derecho** **de frente**	*immer geradeaus*

Spanisch geht mit Lokaladverbien sparsamer um als die deutsche Sprache. Wenn Sie eine gerade erwähnte Ortsangabe nicht wiederholen möchten, können Sie diese einfach weglassen.

¿Qué pasa con la representación? ¿No querías ir? *Was ist mit der Theateraufführung? Wolltest du nicht hin?*

Adverbien der Menge

Viele Adverbien dieser Gruppe sind identisch mit den Indefinitpronomen (▸ „Das Indefinitpronomen“). Trotzdem sollten Sie auch bei diesen daran denken, dass sie als Adverbien unveränderlich sind.

algo	*etwas*	**poco**	*wenig*	**nada**	*nichts*
mucho	*viel*	**demasiado**	*zu (viel)*	**más**	*mehr*
menos	*weniger*	**suficiente**	*genug*	**casi**	*fast*
apenas	*kaum*	**bastante**	*ziemlich, genug*	**tanto**	*so viel*
tan	*so*	**muy**	*sehr*	**sólo/solamente**	*nur*

LEICHT GEMERKT

Wenn Ihnen der Gebrauch von **muy** und **mucho** Probleme bereiten sollte, so merken Sie sich:

Muy steht mit einem Adverb oder Adjektiv.
Mucho steht direkt beim Verb.

Vielleicht können Sie sich das mit Hilfe der Liebe zwischen Herr und Frau Forelle einprägen. **Merksatz:**

Te quiero como la trucha al trucho. Te quiero mucho, mucho, mucho.
Oder Sie denken an das bekannte Lied **"Bésame, bésame mucho..."**

Adverbien der Bejahung und Verneinung

Eine sehr kleine, aber wichtige Gruppe:

sí	*ja*	**no**	*nein*
también	*auch*	**tampoco**	*auch nicht*

Adverbien des Zweifels

Im Spanischen gibt es gleich mehrere Adverbien mit der Bedeutung *vielleicht*:

acaso **quizá** **quizás** **tal vez** **a lo mejor**

LEICHT GEMERKT

Es gibt verschiedene Arten von Adverbien (der Art und Weise, der Zeit, des Ortes, der Menge, der Bejahung und Verneinung, des Zweifels). Um sich die vielen kleinen Wörter besser zu merken, können Sie sie sortieren. Sie merken sich immer die Gegensätze:

temprano *(früh)* – **tarde** *(spät)*

Sie zeichnen sich eine Treppe und schreiben auf jede Stufe ein Wort:

nada - algo - poco - suficiente - mucho - demasiado
(nichts - etwas - wenig - genug - viel - zu viel)

3. Vergleich und Steigerung des Adverbs

Der Vergleich

Wie die Adjektive können auch viele Adverbien verglichen werden. In der Regel dienen dazu die Konstruktionen **tan... como** und **igual de... que.**

Tocas bien el piano.	*Du spielst gut Klavier.*
Tocas el piano tan bien como ella.	*Du spielst genauso gut Klavier wie sie.*
Hoy salgo tarde del trabajo.	*Heute komme ich spät von der Arbeit.*
Mañana salgo del trabajo igual de tarde que hoy.	*Morgen komme ich genauso spät von der Arbeit wie heute.*

Achten Sie darauf, dass bei einem Vergleich des Adverbs **mucho** ein Sonderfall eintritt und die korrekte Konstruktion in diesem Fall **tanto... como** ist.

Pagamos mucho por el piso.	*Wir zahlen viel für die Wohnung.*
Pagamos tanto por el piso como vosotros.	*Wir zahlen so viel für die Wohnung wie ihr.*

Der Komparativ

Der Komparativ der Adverbien wird - wie bei den Adjektiven - mit der Konstruktion **más... que** bzw. **menos... que** gebildet.

Ayer hemos terminado rápido.	*Gestern sind wir schnell fertig geworden.*
Hoy hemos terminado más rápido que ayer.	*Heute sind wir schneller fertig geworden als gestern.*
En verano salgo a menudo.	*Im Sommer gehe ich oft aus.*
En invierno salgo menos a menudo que en verano.	*Im Winter gehe ich weniger aus als im Sommer.*

Wie bei den Adjektiven haben nur sehr wenige Adverbien eine unregelmäßige Steigerung.

bien	▸	**mejor**	*gut*	▸	*besser*
mucho	▸	**más**	*viel*	▸	*mehr*
mal	▸	**peor**	*schlecht*	▸	*schlechter*
poco	▸	**menos**	*wenig*	▸	*weniger*

Die Verbindung **más bien** bedeutet *eher.*

En vacaciones se levantan más bien tarde. *Im Urlaub stehen sie eher spat auf.*

Der Superlativ

Die Konstruktion *am -sten* gibt es im Spanischen nicht. Um den Superlativ eines Adverbs zu bilden, ist ein einfacher Relativsatz nötig.

Es el que mejor lo hace. *Er macht es am besten.*
Siempre eres la que más tarde se acuesta. *Du gehst immer als Letzte ins Bett.*
Los que más han gastado en las vacaciones tienen ahora que ahorrar. *Diejenigen, die im Urlaub am meisten ausgegeben haben, müssen jetzt sparen.*

Bitte achten Sie auf die für den Deutschen ungewöhnliche Verwendung des Superlativs in der folgenden Konstruktion:

Te llamaré lo más pronto posible. *Ich werde dich möglichst bald anrufen.*
Me han ayudado lo más posible. *Sie haben mir so viel wie möglich geholfen.*

6

DIE ZAHLEN

Ob Sie nach der Uhrzeit, dem Datum oder dem Alter fragen, einkaufen gehen oder einen Zug nehmen: Die Zahlen sind so wichtig, dass wir ihnen ein eigenes Kapitel gewidmet haben.

1. Die Grundzahlen

Die spanischen Zahlen werden anders zusammengesetzt als im Deutschen. Zweiunddreißig z. B. heißt auf Spanisch **treinta y dos** – *dreißig und zwei*. Welche Unterschiede gibt es sonst noch zum deutschen Zahlensystem? – Nun, das Spanische verfügt bis zu der Zahl Fünfzehn über eigene Formen, während im Deutschen ab der Dreizehn die Zahlen zusammengesetzt werden. Aber sehen Sie selbst!

0	cero
1	uno/un/una
2	dos
3	tres
4	cuatro
5	cinco
6	seis
7	siete
8	ocho
9	nueve
10	diez
11	once
12	doce
13	trece
14	catorce
15	quince

16	dieciséis
17	diecisiete
18	dieciocho
19	diecinueve
20	veinte
21	veintiuno/ veintiún/ veintiuna
22	veintidós
23	veintitrés
24	veinticuatro
25	veinticinco
26	veintiséis
27	veintisiete
28	veintiocho
29	veintinueve

30	treinta
31	treinta y uno/ treinta y un/ treinta y una
32	treinta y dos
40	cuarenta
50	cincuenta
60	sesenta
70	setenta
80	ochenta
90	noventa
99	noventa y nueve

LEICHT GEMERKT

Die Zahlen **sesenta** (60) und **setenta** (70) ähneln sich sehr. Am besten Sie merken sich, dass der Buchstabe **s** im Alphabet vor dem Buchstaben **t** steht.

Merksatz:
se**s**enta y se**t**enta
sechzig und siebzig

100	cien
101	ciento uno/ciento un/ciento una
102	ciento dos
110	ciento diez
199	ciento noventa y nueve
200	doscientos/doscientas
201	doscientos uno/doscientos un/doscientas una
300	trescientos/trescientas
400	cuatrocientos/cuatrocientas
500	**quinientos/quinientas**
600	seiscientos/seiscientas
700	s**e**tecientos/s**e**tecientas
800	ochocientos/ochocientas
900	n**o**vecientos/n**o**vecientas

1.000	mil
1.001	mil uno/mil un/mil una
2.000	dos mil
3.000	tres mil
10.000	diez mil
100.000	cien mil
1.000.000	un millón (de)
2.000.000	dos millones (de)
1.000.000.000	mil millones (de)
1.000.000.000.000	un billón (de)
33.572.103	treinta y tres millones quinientos setenta y dos mil ciento tres

LEICHT GEMERKT

Verwechseln Sie nicht:

un millón *eine Million*

Wie Sie sehen, ist das Zahlensystem logisch aufgebaut und deshalb einfach zu lernen. Um Fehler zu vermeiden, sollten Sie sich außerdem die folgenden Punkte einprägen:

- Zahlen sind grundsätzlich männlich.

  el uno *die Eins* **el quince** *die Fünfzehn*

- Die Zahl **uno** wird vor männlichen Substantiven zu **un** verkürzt, vor weiblichen Substantiven erhält es die Endung **-a**. Dies gilt natürlich auch für alle zusammengesetzten Formen, die auf **uno** enden.

un coche	*ein Auto*
veintiún años	*einundzwanzig Jahre*
treinta y una preguntas	*einunddreißig Fragen*
ciento un euros	*einhundertundein Euro*

- Mit **y** werden die Einer mit den Zehnern verbunden.

diecisiete	*siebzehn*
veinticinco	*fünfundzwanzig*
treinta y tres	*dreiunddreißig*
ciento cuarenta y nueve mil	*hundertneunundvierzigtausend*
aber	
mil ciento ocho	*tausendeinhundertundacht*

- Die Zahlen mit 5 sollten Sie sich wegen der unregelmäßigen Formen besonders genau anschauen!

cinco	*fünf*
quince	*fünfzehn*
cincuenta	*fünfzig*
quinientos	*fünfhundert*

- Folgt nach der 100 eine Zahl, gebraucht man **ciento**. 100 vor einem Substantiv heißt **cien**.

ciento diez	*hundertzehn*
cien bolsas	*hundert Tüten*

- Ab 200 unterscheiden auch die Hunderter eine männliche und eine weibliche Form.

quinientos mil habitantes	*fünfhunderttausend Einwohner*
doscientas personas	*zweihundert Personen*

- **Cien** und **mil** sind als Zahlen unveränderlich und werden nie mit dem unbestimmten Artikel **un** verwendet.

- **Millón** ist männlich, heißt im Plural **millones** und wird mit der Präposition **de** gebraucht, wenn ein Substantiv unmittelbar folgt.

un millón de habitantes	*eine Million Einwohner*
aber	
dos millones trescientos mil pesos	*zwei Millionen dreihunderttausend Pesos*

LEICHT GEMERKT

Grundzahlen

uno	wird vor männlichen Substantiven zu **un** verkürzt	**un libro**
bis zur Zahl 15	besteht jede aus einem eigenen Wort	**uno, dos, tres**, etc.
dieciséis	setzt sich aus **diez y seis** zusammen	
veintiocho	setzt sich aus **veinte y ocho** zusammen	
ab 30	werden alle Zahlen auseinander geschrieben	**treinta y dos**
y	verbindet nur Zehner und Einer	**doscientos cuarenta y siete**
cien	steht alleine oder vor einem Substantiv	**cien libros, cien páginas**
ciento	steht vor einer Zahl	**ciento cincuenta y siete**
doscientos/-as	ab **200** richten sich die Hunderter im Genus nach dem Substantiv	**doscientos alumnos, doscientas profesoras**
quinientos/-as setecientos/-as novecientos/-as	fallen bei den Hunderten aus dem Rahmen	
un millón/billón	wird durch **de** mit einem Substantiv verbunden	**¡Un millón de gracias!** **un billón de dólares**

Zahlen im Kontext

Das Alter wird mit dem Verb **tener** angegeben.

¿Cuántos años tienes? *Wie alt bist du?*
Tengo treinta y un años. *Ich bin einunddreißig.*

Die Häufigkeit kann mit Hilfe von **vez** oder **cada** angegeben werden.

una vez/dos veces a la semana	*einmal/zweimal pro Woche*
cada cinco días	*alle fünf Tage*

Das Datum wird mit der Grundzahl und der Präposition **de** vor dem Monatsnamen angegeben. Eine Ausnahme ist der 1. Tag im Monat, der auch mit **primero** ausgedrückt werden kann. Dabei ist auch zu beachten, dass Jahre als ganz normale Zahlen behandelt werden.

¿Qué día es hoy?	*Der Wievielte ist heute?*
Hoy es el tres de marzo de dos mil ocho.	*Heute ist der dritte März zweitausendundacht.*
Es el uno/primero de enero.	*Heute ist der erste Januar.*

Bei der Hausnummer steht gewöhnlich ein Komma nach der Angabe der Straße.

Vivo en la Gran Vía, 148.	*Ich wohne in der Gran Vía 148.*

Die Telefonnummer wird meist mit dem Verb **ser** angegeben.

Mi número es el tres cincuenta y cuatro veintisiete.	*Meine Nummer lautet drei vierundfünfzig siebenundzwanzig.*

Neben den Zahlen selbst können Sie auch mit den folgenden Wörtern Mengen ausdrücken:

una docena	*ein Dutzend*	**una decena**	*zehn*
un centenar	*hundert*	**un millar**	*tausend*
cientos	*Hunderte*	**miles**	*Tausende*

Die Uhrzeit

Die Uhrzeit wird mit den Grundzahlen mit voranstehendem Artikel angegeben.

Es la una.	*Es ist ein Uhr.*	**Son las cuatro.**	*Es ist vier Uhr.*
Son las dos.	*Es ist zwei Uhr.*	**...**	*...*
Son las tres.	*Es ist drei Uhr.*	**Son las doce.**	*Es ist zwölf Uhr.*

Son las cinco menos

... veinticinco.

... menos diez.

... menos cinco.

Son las tres y cuarto.

Son las cinco menos cuarto.

Son las doce y media.

Hoy tengo clase desde las nueve hasta la una.
aber: **Hoy tengo clase de nueve a una.**

LEICHT GEMERKT

Merksatz:
4:15h **son las cuatro y cuarto**. *Es ist viertel nach vier.*

Außer für offizielle Angaben (Abfahrtzeiten, Fernsehprogramm u. Ä.) wird das Zwölfstundensystem verwendet. Wenn aus dem Kontext nicht ersichtlich ist, ob es sich um vormittags oder abends handelt, wird diese Angabe hinzugefügt.

El tren sale a las 14:38 h.	*Der Zug fährt um 14:38 Uhr ab.*
Me llamó a las cuatro de la mañana.	*Er/Sie rief mich um vier Uhr morgens an.*

Beachten Sie, dass **y media** sich auf die darauf folgende Stunde bezieht.

In Lateinamerika gibt es eine weitere Möglichkeit, zu sagen, dass noch einige Minuten zur vollen Stunde fehlen.

Faltan veinticinco para las cinco.

Faltan diez para las cinco.

LEICHT GEMERKT

Uhrzeit

es la una	nur bei 1 Uhr steht das Verb im Singular
son las dos	ab 2 Uhr steht das Verb im Plural
son las seis y cuarto	„Viertel nach ..." = volle Stunde + **y cuarto**
son las seis y media	„halb ..." = volle Stunde + **y media**
son las siete menos cuarto	„Viertel vor ..." = **neue** volle Stunde + **menos cuarto**

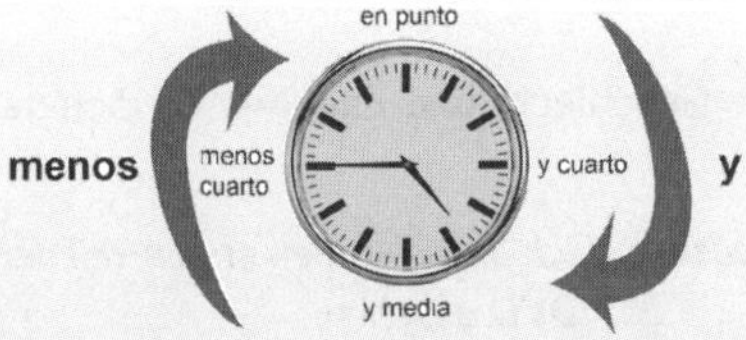

¿Qué hora es?
Son **las seis y media** de la mañana. (6.30)
Son **las doce** del mediodía. (12.00)
Son **las cinco menos cuarto** de la tarde. (16.45)
Son **las once** de la noche. (11.00)
Son **las tres** de la madrugada. (3.00)
aber:
Es **la una** de la tarde. (13.00)

2. Die Ordnungszahlen

Im Spanischen sind die Ordnungszahlen nur bis zur Zahl 10 gebräuchlich.

primero, -a, primer	1º, 1ª, 1er	sexto, -a	6º, 6ª
segundo, -a	2º, 2ª	sé(p)timo, -a	7º, 7ª
tercero, -a, tercer	3º, 3ª, 3er	octavo, -a	8º, 8ª
cuarto, -a	4º, 4ª	noveno, -a	9º, 9ª
quinto, -a	5º, 5ª	décimo, -a	10º, 10ª

Normalerweise wird bei Zahlen über Zehn jedoch die Grundzahl verwendet.

el (número)/la veintisiete	*der/die siebenundzwanzigste*
el capítulo veintisiete	*das siebenundzwanzigste Kapitel*

Beim Gebrauch der Ordnungszahlen sollten Sie sich merken, dass

- Ordnungszahlen vor- oder nachgestellt werden können. In der Regel stehen sie jedoch – im Gegensatz zu den meisten Adjektiven – vor dem Substantiv.

La cafetería se encuentra en la primera planta/en la planta primera.	*Die Cafeteria befindet sich in der ersten Etage.*

- sich die Ordnungszahlen in Geschlecht und Zahl immer nach dem Substantiv richten.

Sólo he visto la primera parte del dvd.	*Ich habe nur den ersten Teil der DVD gesehen.*

- **primero** und **tercero** vor einem männlichen Substantiv die Endung **-o** verlieren.

Vivo en el primer/tercer piso.	*Ich wohne im ersten/dritten Stock.*

- Ordnungszahlen nie mit einem Punkt, sondern immer mit der hochgestellten Endung geschrieben werden.

1º (primero), 1ª (primera), 1er (primer)

Die Ordnungszahlen verwendet man sehr häufig zur Angabe

- des Stockwerks, eventuell sogar der Wohnung.

Vivimos en el 3º, 5ª.	*Wir wohnen im 3. Stock, Tür Nr. 5.*

- der Position in einer Rangliste.

El equipo argentino consiguió el primer puesto.	*Die argentinische Mannschaft erreichte den ersten Platz.*
España quedó tercera.	*Spanien wurde Dritter.*

- eines Herrschernamens oder bestimmter historischer Daten.

Carlos V	*Karl V.*
el Papa Pablo II	*Papst Paul II.*
la Segunda Guerra Mundial	*der Zweite Weltkrieg*

Im Spanischen steht hinter der römischen Zahl kein Punkt.

LEICHT GEMERKT

Ordnungszahlen

Im Spanischen werden die Ordnungszahlen normalerweise nur bis zur Zahl **10** gebraucht.

Primero und **tercero** werden vor männlichen Substantiven zu **primer** und **tercer** verkürzt.

Hinter römischen Zahlen steht kein Punkt.

7

DAS VERB: DIE ZEITEN

Mit den Verben drücken wir unsere Handlungen aus. So vielfältig wie diese sind auch die Ausdrucksmöglichkeiten der Sprache. Ob Sie sagen wollen, dass Sie gerade Spanisch lernen, gestern gearbeitet haben, aus der Kaffeepause kommen oder wohin Sie in Urlaub fahren werden - mit dem Verb in der entsprechenden Form lässt sich über die Grundbedeutung hinaus noch vieles andere sagen.

Die Bedeutung des Verbs finden Sie immer im Stamm des Wortes. Dieser Stamm steht jedoch nie allein: An ihm hängen die Endungen, die uns Informationen über die eigentliche Bedeutung hinaus geben. Die Endungen **-ar** (Verben der 1. Gruppe), **-er** (Verben der 2. Gruppe) oder **-ir** (Verben der 3. Gruppe) hinter dem Stamm eines Verbs weisen z. B. darauf hin, dass es sich um den Infinitiv eines Verbs handelt und zeigen uns damit, nach welchem Schema das Verb konjugiert (gebeugt) wird.

Was kann sonst noch durch die Endung ausgedrückt werden? Zuerst einmal, in welcher Zeit eine Handlung stattfindet, dann natürlich, welche Person es ist, die agiert, und nicht zuletzt, ob es sich bei einer Aussage um eine Behauptung, eine Bedingung, einen Befehl, oder eine Vermutung handelt.

In den folgenden zwei Kapiteln werden die Formen und der Gebrauch der Verben behandelt. Außerdem finden Sie im Anhang eine ausführliche Darstellung sämtlicher Verbformen.

1. Voll-, Modal- und Hilfsverben

Nicht alle Verben weisen die gleiche Informationsdichte auf. Die so genannten Vollverben werden Ihnen inhaltlich sehr viel mehr mitteilen als z. B. ein Hilfs- oder Modalverb.

Unter den Vollverben können Sie folgende Arten unterscheiden:

- Die transitiven Verben. Sie haben ein direktes Objekt, das Sie mit der Frage *wen oder was?* leicht ausfindig machen können.

Aprendemos español.	*Wir lernen Spanisch.*
Compro flores.	*Ich kaufe Blumen.*
Leo el periódico.	*Ich lese Zeitung.*

- Die intransitiven Verben. Sie haben entweder kein oder aber ein indirektes Objekt. Mit der Frage *wem oder was?* können Sie überprüfen, ob ein indirektes Objekt angeschlossen ist.

Für den
besten Papa
der Welt!
Thalia.de
Gestalte
dein eigenes
Lesezeichen.
Gratis

Este pastel me gusta.	*Dieser Kuchen schmeckt mir gut.*
¿Vamos al cine?	*Gehen wir ins Kino?*
Nadan en el lago.	*Sie schwimmen im See.*

- Die reflexiven Verben (auch rückbezügliche Verben genannt). Hier bezieht sich die Handlung auf das Subjekt.

¡No te enfades!	*Ärgere dich nicht!*
Me lavo.	*Ich wasche mich.*
Nos vestimos.	*Wir ziehen uns an.*

- Die unpersönlichen Verben. Sie kommen nur in der 3. Person Singular vor.

¡Cómo llueve!	*Wie es regnet!*
Ha nevado.	*Es hat geschneit.*
Ya no hay pan.	*Es gibt kein Brot mehr.*

Neben den Vollverben gibt es auch im Spanischen die Modalverben. Sie werden mit dem Infinitiv anderer Verben kombiniert.

¿Puede ayudarme?	*Können Sie mir helfen?*
Tengo que trabajar.	*Ich muss arbeiten.*
Deberías salir más.	*Du solltest häufiger ausgehen.*
Aquí no se puede fumar.	*Hier darf man nicht rauchen.*
¿Me dejas leer el periódico?	*Lässt du mich die Zeitung lesen?*
¿Quieres tomar otro café?	*Willst du noch einen Kaffee trinken?*

Eine dritte Gruppe bilden die Hilfsverben. Diese verzichten ganz auf ihre eigene Bedeutung und dienen in der Kombination mit anderen Verben zur Bildung der Zeiten. Im Deutschen sind das gleich mehrere Verben (ich *bin* aufgestanden, ich *hätte* dich gerne gesprochen, wir *werden* bald kommen), während im Spanischen die zusammengesetzten Zeiten mit nur einem Hilfsverb, **haber**, gebildet werden.

LEICHT GEMERKT

Vollverben

Ein Vollverb kann in einem Aussagesatz alleine vorkommen.

Escribo una carta.	*Ich schreibe einen Brief.*

Modalverben

Ein Modalverb drückt eine Handlung oder ein Zustand aus und tritt nur in Verbindung mit dem Infinitiv eines Vollverbs auf.

Zu den Modalverben zählen die Verben: **poder** (*dürfen*), **saber** (*können*), **deber** (*müssen*), **tener que** (*müssen*), **querer** (*wollen*).

Todavía tenemos que hacer las maletas.
Wir müssen noch die Koffer packen.

Hilfsverben

Ein Hilfsverb wird nur in Verbindung mit einem Vollverb benutzt und dient zur Bildung der Zeiten. Zu den Hilfsverben gehören die Verben:

ser (*sein*), **estar** (*sein*), **haber** (*haben*).

Hoy no he desayunado. *Heute habe ich nicht gefrühstückt.*

2. Das Präsens

Das Präsens wird gebildet, indem folgende Endungen an den Stamm angehängt werden:

Presente – Präsens			
	-ar: hablar	-er: aprender	-ir: vivir
yo	habl**o**	aprend**o**	viv**o**
tú	habl**as**	aprend**es**	viv**es**
él/ella/usted	habl**a**	aprend**e**	viv**e**
nosotros/nosotras	habl**amos**	aprend**emos**	viv**imos**
vosotros/vosotras	habl**áis**	aprend**éis**	viv**ís**
ellos/ellas/ustedes	habl**an**	aprend**en**	viv**en**

LEICHT GEMERKT

Merksatz:
Der Gruppen haben Verben drei
-ar, **-er**, **-ir**,
wir sind dabei.

Abgesehen von diesen regelmäßigen Formen weisen viele Verben bei der Bildung des Präsens Unregelmäßigkeiten auf. Diese Unregelmäßigkeiten sollten Sie sich sorgfältig einprägen, da sie nicht nur für den richtigen Gebrauch des Präsens von Bedeutung sind, sondern auch bei der korrekten Bildung anderer Zeiten helfen, die vom Präsens abgeleitet werden. Die wichtigsten Abweichungen sind

- Vokalveränderungen bei der 1., 2. und 3. Person Singular und bei der 3. Person Plural. Die Formen der 1. und 2. Person Plural sind dagegen immer regelmäßig;

contar ‹o ▸ ue›	entender ‹e ▸ ie›	repetir ‹e ▸ i›
c**ue**nto c**ue**ntas c**ue**nta contamos contáis c**ue**ntan	ent**ie**ndo ent**ie**ndes ent**ie**nde entendemos entendéis ent**ie**nden	rep**i**to rep**i**tes rep**i**te repetimos repetís rep**i**ten
Diese Unregelmäßigkeiten kommen bei allen Verbgruppen vor,		diese nur bei Verben auf **-ir**.

- rein orthographische Veränderungen, die sich von den Ausspracheregeln im Spanischen (▸ S. „Die Aussprache") ableiten lassen,

vencer	dirigir	huir
ven**z**o vences	diri**j**o diriges	hu**y**o hu**y**es

- eine unregelmäßige Form für die 1. Person Singular, die jedoch bei keiner anderen Person auftritt.

caber	**que**po	**salir**	sal**g**o
caer	ca**ig**o	**saber**	**sé**
conocer	cono**zc**o	**traducir**	tradu**zc**o
hacer	ha**g**o	**traer**	tra**ig**o
poner	pon**g**o	**valer**	val**g**o

Bei einigen Verben können auch zwei oder gar drei der Unregelmäßigkeiten gleichzeitig auftreten.

decir	oír	seguir	tener	venir
d**ig**o d**i**ces	o**ig**o o**y**es	s**ig**o s**i**gues	ten**g**o t**ie**nes	ven**g**o v**ie**nes

Daneben finden Sie natürlich auch Verben mit gänzlich unregelmäßigen Formen.

ser ir	soy voy	eres vas	es va	somos vamos	sois vais	son van

Eine vollständige Darstellung der unregelmäßigen Verben finden Sie im Anhang auf Seite 149 ff.

LEICHT GEMERKT

Vergleichen Sie die Präsensendungen der regelmäßigen Verben:

-ar	-er	-ir
-o **-as** **-a** **-amos** **-áis** **-an**	**-o** **-es** **-e** **-emos** **-éis** **-en**	**-o** **-es** **-e** **-imos** **-ís** **-en**

und es wird Ihnen auffallen, dass nur die Formen der 2. Person Plural einen Akzent tragen. Außerdem ist die Endung der Verben auf **–ir** kürzer als die übrigen.

Merksatz:
Zweite Plural mit Akzent.
Bei **–ir** wird's **–ís,**
bloß nicht verpennt!

Unregelmäßige Verben im Präsens:

(o ▸ ue)	**(e ▸ ie)**	**(e ▸ i)**
poder volver	empezar querer	pedir servir

Eine Unregelmäßigkeit (1. Person Singular):

saber ▸ (yo) **sé**
salir ▸ (yo) **salgo**
hacer ▸ (yo) **hago**
traducir ▸ (yo) **traduzco**

Zwei oder mehr Unregelmäßigkeiten:

decir ▸ (yo) **digo**; (tú) **dices**

tener ▸ (yo) **tengo**; (tú) **tienes**
venir ▸ (yo) **vengo**; (tú) **vienes**

Gänzlich unregelmäßig:

ser ▸ (yo) **soy**; (tú) **eres**; (él/ella) **es**; (nosotros) **somos**; (vosotros) **sois**; (ellos) **son**
ir ▸ (yo) **voy**; (tú) **vas**; (él/ella) **va**; (nosotros) **vamos**; (vosotros) **vais**; (ellos) **van**
estar ▸ (yo) **estoy**; (tú) **estás**; (él/ella) **está**; (nosotros) **estamos**; (vosotros) **estáis**; (ellos) **están**

3. Die Vergangenheit

Heute Morgen, letztes Wochenende oder in der weit entfernten Kindheit: Mit der Vergangenheitsform berichten unsere Worte über schon Erlebtes. Im Reich der Vergangenheit fühlt sich die spanische Sprache so richtig wohl: Während das Deutsche nur drei Vergangenheitsformen kennt,

Perfekt: *ich habe gemacht, ich bin gegangen*
Imperfekt: *ich machte, ich ging*
Plusquamperfekt: *ich hatte gemacht, ich war gegangen*

ist in der spanischen Sprache eine weitere Zeit sehr gebräuchlich: das Indefinido. Und während es im Deutschen häufig egal ist, ob man zum Ausdruck der Vergangenheit das Perfekt oder das Imperfekt benutzt, gibt es im Spanischen ganz klare Regeln, wann welche Zeit verwendet werden darf.

Das Perfekt

Das Perfekt wird mit dem Hilfsverb **haber** + Partizip des jeweiligen Verbs gebildet. Das Partizip wird dabei vom Infinitiv abgeleitet.

Participio – Partizip Perfekt			
Verben der 1. Gruppe tauschen **-ar** gegen **-ado**	hablar	▸	habl**ado**
Verben der 2. und 3. Gruppe tauschen **-er** bzw. **-ir** gegen **-ido**	aprender vivir	▸ ▸	aprend**ido** viv**ido**

Außerdem gibt es mehrere unregelmäßige Formen:

decir:	dicho	**hacer:**	hecho	**poner:**	puesto
ver:	visto	**abrir:**	abierto	**escribir:**	escrito
freír:	frito	**imprimir:**	impreso	**romper:**	roto
morir:	muerto	**volver:**	vuelto	**proveer:**	provisto

Perfecto – Perfekt		
haber (Presente) + Participio	he has ha hemos habéis han	habl**ado** aprend**ido** viv**ido**

Im Gegensatz zu vielen anderen Sprachen ist das Partizip unveränderlich, d. h. es wird nicht angeglichen, weder an das Subjekt noch an das Objekt:

Las alumnas han aprendido muchas cosas nuevas. — *Die Schülerinnen haben sehr viel Neues gelernt.*

Zur Bildung des Perfekts dient ausschließlich **haber** (nie **ser**!).

He comido. — *Ich habe gegessen.*
He venido. — *Ich bin gekommen.*

Im Gegensatz zum Deutschen werden das Partizip und die konjugierte Form von **haber** nie getrennt!

Te he visto en el parque. — *Ich habe dich im Park gesehen.*

LEICHT GEMERKT

Auch bei reflexiven Verben oder bei einer Negation dürfen sie nicht getrennt werden.

Hoy Juan **no se ha afeitado**.
Juan hat sich heute nicht rasiert.

Das Perfekt wird verwendet

- wenn sich die Ereignisse vor sehr kurzer Zeit (heute, vorhin, in letzter Zeit) zugetragen haben,

Apenas nos hemos visto últimamente.	*Wir haben uns in letzter Zeit kaum gesehen.*
Hace un rato que se han ido.	*Sie sind vor einer Weile gegangen.*

- wenn wir über einen Zeitraum sprechen, in dem wir uns noch befinden (dieses Jahr, diese Woche, seit Monaten),

Este verano he hecho un curso de español.	*Diesen Sommer habe ich einen Spanischkurs besucht.*
Ese ha sido siempre mi sueño.	*Das war schon immer mein Traum.*

- wenn wir über eine Handlung der Vergangenheit sprechen, deren Folgen oder Ergebnisse bis in die Gegenwart reichen.

Ha muerto mi abuelo.	*Mein Großvater ist gestorben.*
He bebido demasiado.	*Ich habe zu viel getrunken.*

Für den deutschen Lernenden ist es häufig schwierig, den Gebrauch des Perfekts von dem einer weiteren Zeitform, dem Indefinido, abzugrenzen. Deshalb finden Sie auf Seite 66 ff. eine Gegenüberstellung dieser beiden Zeiten.

Das Indefinido

Das spanische Indefinido wird auch historische Vergangenheit genannt.

Indefinido			
	-ar: hablar	**-er: aprender**	**-ir: vivir**
yo	habl**é**	aprend**í**	viv**í**
tú	habl**aste**	aprend**iste**	viv**iste**
él/ella/usted	habl**ó**	aprend**ió**	viv**ió**
nosotros/nosotras	habl**amos**	aprend**imos**	viv**imos**
vosotros/vosotras	habl**asteis**	aprend**isteis**	viv**isteis**
ellos/ellas/ustedes	habl**aron**	aprend**ieron**	viv**ieron**

In der 1. Person Plural sind die Formen der Verben auf **-ar** und **-ir** im Präsens und Indefinido gleich. Je nach Zusammenhang erkennen Sie jedoch, um welche Zeit es sich handelt.

Auch bei der Bildung dieser Formen gibt es einige Unregelmäßigkeiten:

- Bei einigen regelmäßigen Verben kommt es bei der 3. Person Singular und Plural zu Veränderungen des Stammvokals (**e ▸ i, o ▸ u**).

pedir	dormir
pedí pediste p**i**dió pedimos pedisteis p**i**dieron	dormí dormiste d**u**rmió dormimos dormisteis d**u**rmieron

- Bei einigen Verben kommt es zu orthographischen Veränderungen im Stamm.

buscar	pagar	leer
bus**qu**é buscaste buscó buscamos buscasteis buscaron	pa**gu**é pagaste pagó pagamos pagasteis pagaron	leí leíste le**y**ó leímos leísteis le**y**eron

- Eine beträchtliche Anzahl sehr gebräuchlicher Verben ist im Indefinido unregelmäßig. Im Gegensatz zu den regelmäßigen Verben tragen diese die Betonung in der 1. und 3. Person Singular (yo, él/ella/usted) nicht auf der Endung, sondern auf dem Stamm.

poder	decir	saber
pude **pud**iste **pud**o **pud**imos **pud**isteis **pud**ieron	**dij**e **dij**iste **dij**o **dij**imos **dij**isteis **dij**eron	**sup**e **sup**iste **sup**o **sup**imos **sup**isteis **sup**ieron

Im Anhang 3 (▸ „Anhang 3: Die unregelmäßigen Verben") finden Sie eine Liste aller wichtigen unregelmäßigen Formen.

- Vorsicht: **Ser** und **ir** haben im Indefinido dieselben unregelmäßigen Formen!

ser/ir	fui	fuiste	fue	fuimos	fuisteis	fueron

Beim Indefinido fällt – außer bei den unregelmäßigen Formen – die Betonung nicht auf den Stamm, sondern auf die Endung! Dies ist sehr wichtig, da oft nur an der Betonung bzw. bei dem geschriebenen Wort an dem Akzent zu erkennen ist, ob es sich um die Gegenwart, die Vergangenheit (Indefinido), die Befehlsform oder den Subjuntivo handelt!

hablo	*ich spreche*	**habló**	*er/sie sprach*
¡hable!	*sprechen Sie!*	**hablé**	*ich sprach*
No quiero que **hable**.		*Ich will nicht, dass er spricht.*	

Das Indefinido wird verwendet

- für abgeschlossene, zeitlich begrenzte Handlungen oder Vorkommnisse, die zu einem bestimmten Zeitpunkt oder in einer bestimmten Zeitspanne erfolgt sind,

  A lo largo de su vida sufrió varios accidentes. — *Im Laufe seines/ihres Lebens erlitt er/sie mehrere Unfälle.*

  En 1989 tuvo lugar la reunificación alemana. — *1989 fand die deutsche Wiedervereinigung statt.*

- für punktuelle Informationen,

  A las 21:00 h. se registró un débil temblor de tierra. — *Um 21.00 Uhr wurde ein schwaches Beben registriert.*

- für begrenzt wiederholte Handlungen oder Vorgänge,

  Durante las últimas vacaciones salimos todas las noches. — *Im letzten Urlaub sind wir jeden Abend ausgegangen.*

- für eine Reihe aufeinander folgender Handlungen oder Ereignisse, die in der Vergangenheit stattfanden.

  Salí del trabajo, llegué a casa y me fui derecho a la cama. — *Ich machte Feierabend, kam nach Hause und ging direkt ins Bett.*

LEICHT GEMERKT

Das Indefinido bietet jede Menge unregelmäßiger Verbformen, die Sie auf die zuvor bereits beschriebene Art üben können.

Es wird verwendet

- für abgeschlossene Handlungen oder Ereignisse, die zu einem bestimmten Zeitpunkt oder in einer bestimmten Zeitspanne in der Vergangenheit erfolgt sind.
- für punktuelle Informationen.
- für begrenzt wiederholte Handlungen oder Vorgänge.
- für aufeinander folgende Handlungen in der Vergangenheit, die jeweils abgeschlossen sind.

Es handelt sich immer um Handlungen oder Vorkommnisse.

Gegenüberstellung von Perfekt und Indefinido

Sowohl mit dem Perfekt als auch mit dem Indefinido können wir vergangene, abgeschlossene Handlungen ausdrücken. Wann Sie die eine und wann die andere Zeitform verwenden, ist jedoch keine Frage des Stils oder der Sprachebene. Vielmehr gibt es klare Regeln, bei welchen Handlungen der Vergangenheit das Perfekt und bei welchen das Indefinido verwendet wird. Häufig kann man anhand einer Zeitbestimmung innerhalb des Satzes erkennen, welche Zeit verwendet werden muss.

Perfekt	**Indefinido**
a) alles, was sich auf *heute* bezieht:	a) alles, was früher ist als *heute* und nicht von **este, -a** begleitet wird:
hoy por la mañana a las ocho y cuarto hace dos horas después de levantarme	ayer anteayer anoche el sábado hace unos días/meses/años
...**me he duchado**	...**vi** a David

b) alle Temporalbestimmungen mit **este, esta...**:	b) alle Temporalbestimmungen mit **...pasado, -a**:
esta semana estos días este jueves este mes/año/siglo este último fin de semana	el domingo pasado el fin de semana pasado el mes/año/siglo pasado la semana pasada las vacaciones pasadas
...**ha sido** interesante	...**ocurrieron** muchas cosas
c) immer, wenn der Hintergrundsbegriff *bisher* eingeschlossen ist:	c) immer, wenn die erwähnte Zeit schon abgeschlossen und außerhalb unserer Zeit ist:
nunca siempre alguna vez varias veces ya todavía no por ahora (no)	en 2006 a los dieciocho años el día de mi cumpleaños al comenzar mis estudios
...**he pensado** en casarme	...**conocí** a mi novio
d) mit manchen Bestimmungen, die zeitliche Nähe ausdrücken:	
últimamente en los últimos tiempos hace poco	
...**he tenido** noticias suyas	

Gibt es keine Zeitangaben im Satz oder lässt sich der Zeitpunkt der Handlung nicht aus dem Kontext erschließen, wird das Perfekt gebraucht, wenn die Handlung vom Sprecher als noch relativ nah in Bezug auf die Gegenwart empfunden wird. Das Indefinido wird hingegen verwendet, wenn die Handlung schon länger zurückliegt bzw. für den Sprecher schon Teil der ferneren Vergangenheit ist.

He visto a tu hermano.	*Ich habe deinen Bruder getroffen.* (heute oder in letzter Zeit)
Vi a tu hermano.	*Ich traf deinen Bruder.* (irgendwann mal)

! Es kommt vor, dass Muttersprachler sich nicht streng an diese Regeln halten. Oft geben sie wider Erwarten dem Indefinido den Vorzug. So hört man häufig: **Esta mañana estuve allí.**

In Lateinamerika folgt der Gebrauch des Perfekts und des Indefinido nicht immer den oben genannten Regeln. Oft wird dem Indefinido der Vorzug gegeben.

Das Imperfekt

Mit dem Perfekt und dem Indefinido lassen sich jedoch noch lange nicht alle Handlungen der Vergangenheit ausdrücken. Es fehlt das Imperfekt - eine weitere Zeit, die häufig vorkommt. Glücklicherweise ist die Bildung ausgesprochen einfach.

Imperfecto - Imperfekt			
	-ar: hablar	**-er: aprender**	**-ir: vivir**
yo	habl**aba**	aprend**ía**	viv**ía**
tú	habl**abas**	aprend**ías**	viv**ías**
él/ella/usted	habl**aba**	aprend**ía**	viv**ía**
nosotros/nosotras	habl**ábamos**	aprend**íamos**	viv**íamos**
vosotros/vosotras	habl**abais**	aprend**íais**	viv**íais**
ellos/ellas/ustedes	habl**aban**	aprend**ían**	viv**ían**

Dieses Bildungsverfahren gilt für alle Verben außer für **ser**, **ir** und **ver**:

ser	ir	ver
era	iba	veía
eras	ibas	veías
era	iba	veía
éramos	íbamos	veíamos
erais	ibais	veíais
eran	iban	veían

Das Imperfekt wird verwendet

- zur Beschreibung eines Zustands oder einer Situation,

De joven, Luisa era muy tímida.	*Als junge Frau war Luisa sehr schüchtern.*
Antes no había tantos ordenadores como hay ahora.	*Früher gab es nicht so viele PCs wie heute.*

- zum Ausdruck von Gewohnheiten sowie sich wiederholenden Handlungen oder Vorgängen,

De niño me gustaba mucho leer cuentos.	*Als Kind las ich sehr gerne Märchen.*
Hace unos años íbamos a menudo de excursión.	*Vor ein paar Jahren machten wir häufig Ausflüge.*

- für zeitlich nicht deutlich begrenzte Vorgänge oder Handlungen,

Veíamos como los barcos entraban en el puerto.	*Wir beobachteten, wie die Schiffe in den Hafen einfuhren.*

- für eine Handlung, die in ihrer Dauer dargestellt wird und als Hintergrund für eine andere Handlung dient. Diese häufig punktuelle Handlung wird mit dem Indefinido oder Perfekt ausgedrückt.

No estaba en casa cuando llamaste.	*Ich war nicht zuhause, als du anriefst.*
Antes siempre los invitábamos, pero sólo vinieron una vez.	*Früher luden wir sie immer wieder ein, aber sie kamen nur einmal.*
Cuando éramos aún pequeños murió nuestra madre.	*Als wir noch klein waren, starb unsere Mutter.*
Cuando iba a dormirme sonó el teléfono.	*Als ich im Begriff war einzuschlafen, klingelte das Telefon.*
Quería ser médico pero no terminó la carrera.	*Er wollte Arzt werden, er hat aber das Studium nicht beendet.*
Sabías mi dirección pero no me has escrito.	*Du hattest meine Adresse, aber du hast mir nicht geschrieben.*
Cuando estábamos durmiendo ha llovido mucho.	*Während wir schliefen, hat es viel geregnet.*
Tenían miedo y nos pidieron ayuda.	*Sie hatten Angst und baten uns um Hilfe.*

Beachten Sie außerdem folgende Unterschiede zwischen dem Imperfekt und dem Indefinido:

Tenían un hijo.	*Sie hatten ein Kind.*
Tuvieron un hijo.	*Sie bekamen ein Kind.*
Conocía a Antonio.	*Ich kannte Antonio.*
Conocí a Antonio.	*Ich lernte Antonio kennen.*
Cuando venía mi tía traía regalos.	*Immer wenn meine Tante kam, brachte sie Geschenke mit.*
Cuando vino mi tía trajo regalos.	*Als meine Tante kam, brachte sie Geschenke mit.*

Cuando iba a casa comí algo.	*Auf dem Weg nach Hause aß ich etwas.*
Cuando llegué a casa comí algo.	*Als ich nach Hause kam, aß ich etwas.*

LEICHT GEMERKT

Das Imperfekt wird gebraucht

- zur Beschreibung eines Zustands oder einer Situation.
- zum Ausdruck von Gewohnheiten sowie sich wiederholenden Handlungen oder Vorgängen.
- für zeitlich nicht deutlich begrenzte Vorgänge oder Handlungen.
- für eine Handlung, die in ihrer Dauer dargestellt wird und als Hintergrund für eine andere Handlung dient.

Wenn Sie sich jetzt eine Bühne vorstellen, so ist das Imperfekt die Kulisse und das Indefinido ist die Handlung, die während einer Vorstellung auf der Bühne stattfand.

Merksatz:
Das Indefinido ist die Zeit
für abgeschlossene Handlungen
in der Vergangenheit.

Das Imperfekt, das merk ich mir,
beschreibt die Kulisse hinter mir.

Mit diesem Bild im Kopf werden Sie sich im Umgang mit diesen beiden Vergangenheitszeiten bestimmt leichter tun.

Das Plusquamperfekt

Das Plusquamperfekt, auch vollendete Vergangenheit genannt, wird mit der Imperfektform von **haber** und dem Partizip gebildet.

Pretérito Pluscuamperfecto – **Plusquamperfekt**		
haber (Imperfecto) + Participio	había habías había habíamos habíais habían	estudiado leído escrito

Das Plusquamperfekt wird für Handlungen gebraucht, die schon vor anderen Handlungen oder Ereignissen in der Vergangenheit abgeschlossen waren.

Corrí a la estación, pero el tren ya había salido.	*Ich eilte zum Bahnhof, aber der Zug war schon abgefahren.*
Nunca había visto nada igual.	*Ich hatte noch nie so was gesehen.*
Eva no pudo venir porque se había roto la pierna.	*Eva konnte nicht kommen, da sie sich das Bein gebrochen hatte.*

4. Die Zukunft

Um zu erzählen, was Sie an Weihnachten oder für nächsten Sommer planen, brauchen Sie nicht unbedingt die Futurformen des Verbs. Im Grunde ist dies auch mit der Gegenwartsform in Begleitung der passenden Zeitangabe möglich.

La semana que viene termino mis estudios.	*Nächste Woche beende ich mein Studium.*

Trotzdem ist häufig der Gebrauch einer eigenen Zeitform zum Ausdruck eines zukünftigen Geschehens sinnvoll.

Die nahe Zukunft

Um über ein Vorhaben oder etwas, was in der nächsten Zeit stattfinden soll, zu sprechen, wird oft das Präsens von **ir a** + Infinitiv verwendet.

Voy a hablar con Pedro.	*Ich werde mit Pedro sprechen.*
¿Vas a leer pronto el libro?	*Wirst du das Buch bald lesen?*
Va a llover.	*Es wird bald regnen.*

Statt dieser Konstruktion mit **ir a** und dem Infinitiv des Vollverbs kann die nahe Zukunft auch mit einer eigenen Futurform des Verbs ausgedrückt werden, die im nächsten Kapitel besprochen wird.

Das Futur I

Die Futurform wird gebildet, indem Sie an die Infinitivform des Verbs die in der folgenden Tabelle aufgeführten Endungen anhängen.

Futuro simple – Futur I			
	-ar: hablar	**-er: aprender**	**-ir: vivir**
yo	hablar**é**	aprender**é**	vivir**é**
tú	hablar**ás**	aprender**ás**	vivir**ás**
él/ella/usted	hablar**á**	aprender**á**	vivir**á**
nosotros/nosotras	hablar**emos**	aprender**emos**	vivir**emos**
vosotros/vosotras	hablar**éis**	aprender**éis**	vivir**éis**
ellos/ellas/ustedes	hablar**án**	aprender**án**	vivir**án**

Die Endungen sind bei allen drei Verbgruppen identisch; bei folgenden Verben ändert sich jedoch die Stammform:

-e- fällt weg	mittlere Silbe fällt weg	**-d-** ersetzt Endvokal
querer ▸ **querr-** haber ▸ **habr-** saber ▸ **sabr-** poder ▸ **podr-** caber ▸ **cabr-**	hacer ▸ **har-** decir ▸ **dir-**	poner ▸ **pondr-** venir ▸ **vendr-** tener ▸ **tendr-** salir ▸ **saldr-** valer ▸ **valdr-**

Mit diesen Futurformen können Sie praktisch alle Handlungen in der nahen und fernen Zukunft ausdrücken.

Darüber hinaus dienen die Zukunftsformen zum Ausdruck von Vermutungen, ähnlich wie im Deutschen auch:

Supongo que tus padres estarán ya en casa. — *Ich vermute, dass deine Eltern schon zu Hause sein werden.*

El jefe está muy raro hoy, tendrá algún problema. — *Der Chef ist heute ganz komisch; er wird wohl Probleme haben.*

LEICHT GEMERKT

Wenn Sie genauer hinschauen, werden Sie erkennen, dass die Endungen des Futur I mit den Präsensformen des Verbs **haber** übereinstimmen! Es ändert sich lediglich die Akzentsetzung.

Infinitiv des Verbs +	**(h)e** **(h)as** **(h)a** **(h)emos** **(hab)éis** **(h)an**

Das Futur II

Neben der einfachen Futurform gibt es auch im Spanischen eine zusammengesetzte Form, das Futur II, auch vollendete Zukunft genannt. Es wird mit der Futur-I-Form von **haber** + Partizip gebildet.

Futuro perfecto - **Futur II**		
haber (Futuro simple) + Participio	habré habrás habrá habremos habréis habrán	hablado aprendido vivido

Das Futur II wird im Spanischen genauso verwendet wie im Deutschen: zum Ausdruck einer Handlung, die in der Zukunft schon abgeschlossen sein wird.

Para el mes que viene habremos arreglado el piso. *Bis nächsten Monat werden wir die Wohnung renoviert haben.*
Dentro de un año habré terminado el trabajo. *In einem Jahr werde ich die Arbeit beendet haben.*

Auch das zusammengesetzte Futur kann zum Ausdruck von Vermutungen eingesetzt werden.

Pedro no ha aprobado el examen; habrá estudiado poco. *Pedro hat die Prüfung nicht bestanden; er wird wohl wenig gelernt haben.*

Mira, Julio vuelve. Habrá perdido el avión. *Schau mal, Julio kommt zurück. Er wird wohl das Flugzeug verpasst haben.*

DAS VERB: DIE MODI

Bisher haben wir uns nur mit einem Modus beschäftigt: dem Indikativ – die so genannte Wirklichkeitsform. Im Folgenden werden wir Ihnen einen Überblick über die restlichen Modi und deren Anwendung geben: der Konditional (Bedingungsform), der Imperativ (Befehlsform) und der Subjuntivo (Möglichkeitsform).

1. Der Konditional

Konditional I

Der Konditional I wird gebildet, indem man die Imperfektendungen der Verben auf **-er** bzw. **-ir** an den Infinitiv des Verbs anhängt.

Condicional I – Konditional I			
	-ar: hablar	**-er: leer**	**-ir: escribir**
yo	hablar**ía**	leer**ía**	escribir**ía**
tú	hablar**ías**	leer**ías**	escribir**ías**
él/ella/usted	hablar**ía**	leer**ía**	escribir**ía**
nosotros/nosotras	hablar**íamos**	leer**íamos**	escribir**íamos**
vosotros/vosotras	hablar**íais**	leer**íais**	escribir**íais**
ellos/ellas/ustedes	hablar**ían**	leer**ían**	escribir**ían**

Die Endungen sind also bei allen drei Verbgruppen gleich; bei folgenden Verben ändert sich jedoch der Wortstamm:

-e- fällt weg	mittlere Silbe fällt weg	**-d-** ersetzt Endvokal
querer ▸ **querr-**	hacer ▸ **har-**	poner ▸ **pondr-**
haber ▸ **habr-**	decir ▸ **dir-**	venir ▸ **vendr-**
saber ▸ **sabr-**		tener ▸ **tendr-**
poder ▸ **podr-**		salir ▸ **saldr-**
caber ▸ **cabr-**		valer ▸ **valdr-**

LEICHT GEMERKT

Merke:
Die 1. und 3. Person Singular sind immer gleich.
Alle Verbformen im Konditional tragen einen Akzent.

Der Konditional I wird verwendet

- in höflichen Wendungen oder Bitten,

¿Podría usted ayudarme?	*Könnten Sie mir helfen?*
Querría pedirle algo.	*Ich möchte Sie um etwas bitten.*

- für eine bedingte oder imaginäre Situation,

Tendría que trabajar, pero me voy contigo.	*Ich müsste arbeiten, aber ich gehe mit.*
Con mucho gusto te lo diría pero no lo sé.	*Ich würde es dir gerne sagen, aber ich weiß es nicht.*

- bei Ratschlägen,

Deberías fumar menos.	*Du solltest weniger rauchen.*
Yo, en tu lugar, no lo haría.	*Ich würde es an deiner Stelle nicht tun.*

- in Verbindung mit Verben des Wünschens,

Me gustaría mucho saber tocar el piano.	*Ich würde gerne Klavier spielen können.*
Me encantaría conocer a tu familia.	*Ich würde gerne deine Familie kennen lernen.*
Querría un piso.	*Ich hätte gerne eine Wohnung.*
Desearía tener más tiempo para mis hijos.	*Ich würde mir mehr Zeit für meine Kinder wünschen.*

- in Bedingungssätzen. Diese werden auf S. 136 f. ausführlich behandelt.

Konditional II

Der Konditional II wird mit einer Form des Hilfsverbs **haber** im Konditional I und dem Partizip Perfekt des Verbs gebildet. Dabei steht das Hilfsverb immer direkt vor dem Partizip, das unveränderlich ist.

Condicional perfecto – Konditional II		
yo	habría	comprado
tú	habrías	bebido
él/ella/usted	habría	recibido
nosotros/nosotras	habríamos	hecho
vosotros/vosotras	habríais	visto
ellos/ellas/ustedes	habrían	olvidado

Der Konditional II drückt aus, dass etwas nicht verwirklicht wurde oder geschah, weil die Voraussetzung dafür fehlte.

Te habría mandado un e-mail si hubiera tenido tu correo electrónico.	*Ich hätte dir eine E-Mail geschickt, wenn ich deine Adresse gehabt hätte.*
El hotel os habría gustado.	*Das Hotel hätte euch gefallen.*
En tu lugar no habría comprado un sofá tan grande.	*An deiner Stelle hätte ich kein so großes Sofa gekauft.*

2. Der Imperativ

Auf den Imperativ, auch Befehlsform genannt, werden Sie in der spanischen Sprache häufig stoßen, sei es im Rahmen eines Befehls, eines freundlichen Angebots, eines Ratschlags oder eines Hinweises.

Bejahter Imperativ			
	-ar: entrar	**-er: correr**	**-ir: subir**
(tú)	entr**a**	corr**e**	sub**e**
(usted)	entr**e**	corr**a**	sub**a**
(nosotros/nosotras)	entr**emos**	corr**amos**	sub**amos**
(vosotros/vosotras)	entr**ad**	corr**ed**	sub**id**
(ustedes)	entr**en**	corr**an**	sub**an**

LEICHT GEMERKT

Merksatz zum Imperativ der Verben auf **-ar**:
Befehle geben tut nicht weh,
du, **ihr** bleibt gleich,
der Rest wird **-e-**.

Bei den regelmäßigen Verben können Sie die Formen des bejahten Imperativs vom Indikativ Präsens ableiten.

- Die 2. Person Singular (**tú**) des bejahten Imperativs ist mit der 3. Person Singular (**él/ella**) Präsens identisch.

él/ella entra	entra (tú)
él/ella corre	corre (tú)
él/ella sube	sube (tú)

- Die Höflichkeitsform Singular und Plural (**usted**, **ustedes**), sowie die 1. Person Plural (**nosotros/nosotras**) des bejahten Imperativs werden wie die entsprechenden Präsensformen gebildet, nur dass bei Verben auf **-ar** das **a** zu **e**, bei Verben auf **-er** und **-ir** das **e** und **i** zu **a** werden.

entr**ar**	usted entr**a**, ustedes entr**a**n	entr**e** (usted), entr**e**n (ustedes)
corr**er**	usted corr**e**, ustedes corr**e**n	corr**a** (usted), corr**a**n (ustedes)
sub**ir**	nosotros/nosotras sub**i**mos	sub**a**mos (nosotros/nosotras)

- Die 2. Person Plural (**vosotros/vosotras**) des bejahten Imperativs lässt sich von der Infinitivform ableiten, indem das **-r** durch **-d** ersetzt wird.

entrar	entrad (vosotros/vosotras)
correr	corred (vosotros/vosotras)
subir	subid (vosotros/vosotras)

- Bei Verben auf **-ir** mit Vokalveränderung weist die 1. Person Plural des bejahten Imperativs Unterschiede zur entsprechenden Form des Indikativ Präsens auf. Es kommt zu einem Wechsel des Stammvokals.

sentimos ▸ sintamos
dormimos ▸ durmamos
pedimos ▸ pidamos

Die wichtigsten unregelmäßigen Formen sind:

decir	hacer	ir	oír
di **dig**a **dig**amos decid **dig**an	ha**z** ha**g**a ha**g**amos haced ha**g**an	**ve** **vay**a **vay**amos id **vay**an	o**y**e oi**g**a oi**g**amos oíd oi**g**an

tener	traer	venir	salir
ten	trae	**ven**	**sal**
ten**ga**	tra**iga**	ven**ga**	sal**ga**
ten**ga**mos	tra**iga**mos	ven**ga**mos	sal**ga**mos
tened	traed	venid	salid
ten**ga**n	tra**iga**n	ven**ga**n	sal**ga**n

LEICHT GEMERKT

Nur die Verben **ir, salir, venir, hacer, poner, decir, tener, ser** haben unregelmäßige Imperativformen bei **tú**. Hintereinander geschrieben ergeben sie einen unsinnigen Satz, den Sie sich bestimmt gut merken können: **Ve sal ven haz pon di ten sé.**

Befehlsformen werden häufig wiederholt; dies sollte jedoch nicht als aufdringlich sondern vielmehr als sehr freundlich oder höflich verstanden werden.

¡Pase, pase! — *Bitte, treten Sie doch ein!*
Deja, deja, que ya lo hago yo. — *Lass mal, ich mach' das schon.*
¡Siéntate, siéntate! — *Setz dich ruhig hin!*
¿Puedo abrir la ventana? – Claro, ¡Ábrela, ábrela! — *Darf ich das Fenster aufmachen? – Bitte bitte, mach's nur auf!*

Wie im Deutschen auch können unpersönliche Aufforderungen mit dem Infinitiv ausgedrückt werden.

¡Girar a la derecha! — *Rechts abbiegen!*
¡No doblar! — *Nicht knicken!*
¡No tocar! — *Nicht anfassen!*

Manchmal steht vor dem Infinitv die Präposition **a:**

¡A trabajar! — *An die Arbeit!*
¡A comer! — *(Mittag-)Essen ist fertig!*

Beim bejahten Imperativ werden die Personalpronomen ans Verb angehängt.

Dámelo. — *Gib es mir.*
Cuéntanoslo. — *Erzähl es uns.*
Ponte el abrigo. — *Zieh (dir) den Mantel an.*
Dúchate. — *Dusch dich!*
Levantaos. — *Steht auf!*

Wird ein Reflexivpronomen angehängt, fällt das **-d** der **vosotros**-Form und das **-s** der **nosotros**-Form weg.

Compraos el libro. *Kauft euch das Buch.*
Vámonos/Vayámonos. *Gehen wir.*

LEICHT GEMERKT

Die Formen des bejahten Imperativs bei den regelmäßigen Verben sehen folgendermaßen aus:

- **tú** entspricht der Form der 3. Person Singular Präsens.
- **usted/ustedes** entspricht er 3. Person Singular/Plural des Subjuntivo Präsens.
- bei **nosotros/nosotras** wird ebenfalls das **a** zu **e** und das **e** zu **a.**
- bei **vosotros/vosotras** wird aus dem **-r** der Infinitivendung ein **-d**.

Manchmal wird auch nur die Infinitivform genommen.

Anders als im Deutschen, wo die Imperativformen immer gleich sind, ändern sich diese im Spanischen bei den verneinten Befehlen, die im Folgenden behandelt werden.

Der verneinte Imperativ

Der verneinte Imperativ weist für die 2. Person Singular und Plural eigene Formen auf, die Sie sich merken sollten. Die Höflichkeitsformen und die 1. Person Plural ändern sich jedoch nicht.

Imperativo negativo – Verneinter Imperativ			
	-ar: entrar	**-er: correr**	**-ir: subir**
(tú)	no entr**es**	no corr**as**	no sub**as**
(usted)	no entr**e**	no corr**a**	no sub**a**
(nosotros/nosotras)	no entr**emos**	no corr**amos**	no sub**amos**
(vosotros/vosotras)	no entr**éis**	no corr**áis**	no sub**áis**
(ustedes)	no entr**en**	no corr**an**	no sub**an**

LEICHT GEMERKT

Alle regelmäßigen Formen des verneinten Imperativs werden wie die entsprechenden Formen des Indikativ Präsens gebildet, nur dass bei Verben auf **-ar** das **a** zu **e**, bei Verben auf **-er** und **-ir** das **e** und **i** zu **a** werden.

Merksatz:
Befehl verneint,
ich merk's mir, klar,
-a- wird zu **-e-**,
-e-, **-i-** wird **-a-**.

entr**as**		no entr**es**
entr**a**		no entr**e**
entr**amos**	▸	no entr**emos**
entr**áis**		no entr**éis**
entr**an**		no entr**en**

corr**es**		no corr**as**
corr**e**		no corr**a**
corr**emos**	▸	no corr**amos**
corr**éis**		no corr**áis**
corr**en**		no corr**an**

sub**es**		no sub**as**
sub**e**		no sub**a**
sub**imos**	▸	no sub**amos**
sub**ís**		no sub**áis**
sub**en**		no sub**an**

Bei Verben mit der Infinitivform auf **-ir** und einer Vokalveränderung weist die 1. Person Plural die gleiche Änderung im Stamm wie die Formen des bejahten Imperativs auf.

sentimos ▸ **sintamos**
dormimos ▸ **durmamos**
pedimos ▸ **pidamos**

Bei den Formen des verneinten Imperativs werden die Pronomen nicht an das Verb angehängt, sondern vorangestellt.

No te preocupes. — *Mach dir keine Sorgen.*
No me lo pregunte. — *Fragen Sie mich nicht danach.*

LEICHT GEMERKT

Betrachten Sie die Formen einmal nebeneinander:

Bejahter Imperativ	Verneinter Imperativ
¡Dámelo! **¡Cuéntenoslo!** **¡Ponte el abrigo!** **¡Levántense!**	**¡No me lo des!** **¡No nos lo cuente!** **¡No te pongas el abrigo!** **¡No se levanten!**

3. Der Subjuntivo des Präsens und des Perfekts

Dem Subjuntivo kommt im Spanischen eine weitaus wichtigere Rolle zu als dem Konjunktiv im Deutschen, dem er oft gegenübergestellt wird. Es ist der Modus der Nicht-Wirklichkeit. Er ist absolut unerlässlich bei vielen spanischen Nebensätzen und sowohl für die schriftliche als auch für die gesprochene Sprache von äußerster Wichtigkeit, weshalb Sie diesem Kapitel besondere Aufmerksamkeit widmen sollten.

Presente de Subjuntivo – Subjuntivo Präsens			
	-ar: hablar	**-er: aprender**	**-ir: vivir**
yo	habl**e**	aprend**a**	viv**a**
tú	habl**es**	aprend**as**	viv**as**
él/ella/usted	habl**e**	aprend**a**	viv**a**
nosotros/nosotras	habl**emos**	aprend**amos**	viv**amos**
vosotros/vosotras	habl**éis**	aprend**áis**	viv**áis**
ellos/ellas/ustedes	habl**en**	aprend**an**	viv**an**

Perfecto de Subjuntivo – Subjuntivo Perfekt		
haber + Participio	**haya** **hayas** **haya** **hayamos** **hayáis** **hayan**	hablado aprendido vivido

LEICHT GEMERKT

Die Formen des Subjuntivo sind identisch mit denen des verneinten Imperativs. Außerdem werden alle regelmäßigen Formen des Subjuntivo wie die entsprechenden Formen des Indikativ Präsens gebildet, nur dass bei Verben auf **-ar** das **a** zu **e**, bei Verben auf **-er** und **-ir** das **e** und **i** zu **a** werden.

entro	entr**e**	corro	corr**a**	subo	sub**a**
entr**a**s	entr**e**s	corr**e**s	corr**a**s	sub**e**s	sub**a**s
entr**a**	entr**e**	corr**e**	corr**a**	sub**e**	sub**a**
entr**a**mos	entr**e**mos	corr**e**mos	corr**a**mos	sub**i**mos	sub**a**mos
entr**á**is	entr**é**is	corr**é**is	corr**á**is	sub**í**s	sub**á**is
entr**a**n	entr**e**n	corr**e**n	corr**a**n	sub**e**n	sub**a**n

Die unregelmäßigen Formen des Subjuntivo

Die Vokalveränderungen und Unregelmäßigkeiten, die sich beim Indikativ Präsens beobachten lassen, sind auch bei den entsprechenden Formen des Subjuntivo zu finden.

- Verben, die im Indikativ Präsens eine unregelmäßige Form in der

  1. Person Singular haben, behalten diese Unregelmäßigkeit in allen Formen des Subjuntivo Präsens bei.

caber	caer	conocer	decir	hacer	oír
quepa **quep**as **quep**a usw.	ca**ig**a ca**ig**as ca**ig**a usw.	cono**zc**a cono**zc**as cono**zc**a usw.	di**g**a di**g**as di**g**a usw.	ha**g**a ha**g**as ha**g**a usw.	oi**g**a oi**g**as oi**g**a usw.

poner	salir	seguir	tener	traer	venir
pon**g**a pon**g**as pon**g**a usw.	sal**g**a sal**g**as sal**g**a usw.	**sig**a **sig**as **sig**a usw.	ten**g**a ten**g**as ten**g**a usw.	tra**ig**a tra**ig**as tra**ig**a usw.	ven**g**a ven**g**as ven**g**a usw.

- Verben, die im Indikativ Präsens eine Stammvokalveränderung aufweisen, zeigen diese Unregelmäßigkeit auch beim Subjuntivo.

entender ‹e ▸ ie›	contar ‹o ▸ ue›
ent**ie**nda	c**ue**nte
ent**ie**ndas	c**ue**ntes
ent**ie**nda	c**ue**nte
entendamos	contemos
entendáis	contéis
ent**ie**ndan	c**ue**nten

- Bei den Verben auf **-ir** sind die Stammvokalveränderungen im Subjuntivo dieselben wie im Indikativ Präsens. Außerdem wird in der 1. und 2. Person Plural das **e** zu **i** bzw. das **o** zu **u**.

sentir ‹e ▸ ie›	mentir ‹e ▸ i›	dormir ‹o ▸ ue›
s**ie**nta	m**ie**nta	d**ue**rma
s**ie**ntas	m**ie**ntas	d**ue**rmas
s**ie**nta	m**ie**nta	d**ue**rma
s**i**ntamos	m**i**ntamos	d**u**rmamos
s**i**ntáis	m**i**ntáis	d**u**rmáis
s**ie**ntan	m**ie**ntan	d**ue**rman

- Bei einigen Verben kommt es zu orthographischen Veränderungen gegenüber dem Infinitiv.

convencer	dirigir	huir	seguir
conven**z**a	diri**j**a	hu**y**a	si**g**a
conven**z**as	diri**j**as	hu**y**as	si**g**as

Daneben finden Sie natürlich auch Verben mit gänzlich unregelmäßigen Formen.

saber	ser	ir	ver	haber	estar
sepa	**se**a	**vay**a	**ve**a	ha**y**a	est**é**
sepas	**se**as	**vay**as	**ve**as	ha**y**as	est**és**
sepa	**se**a	**vay**a	**ve**a	ha**y**a	est**é**
usw.	usw.	usw.	usw.	usw.	usw.

Weitere unregelmäßige Formen finden Sie im Anhang auf Seite 149 ff.

Der Gebrauch des Subjuntivo

Der Subjuntivo wird prinzipiell zum Ausdruck einer subjektiven Sichtweise eingesetzt. Er wird verwendet

- in Hauptsätzen zum Ausdruck von Vermutungen,

Tal vez hayan encontrado un atasco.	*Vielleicht sind sie in einen Stau geraten.*
Posiblemente esté en casa.	*Wahrscheinlich ist er/sie zu Hause.*
Quizá no hayan recibido nuestra carta.	*Vielleicht haben sie unseren Brief nicht bekommen.*

- in mit **que** eingeleiteten Ausrufesätzen, die eine Willens- oder Wunschäußerung ausdrücken,

¡Que te diviertas!	*Viel Spaß!*
¡Que te mejores!	*Gute Besserung!*
¡Que llegues bien a casa!	*Komm gut nachhause!*
¡Que duermas bien!	*Schlaf gut!*
¡Que aproveche!	*Guten Appetit!*
¡Que te vaya bien!	*Lass es dir gut gehen!*
¡Que no lleguéis tarde!	*Kommt nicht zu spät!*
¡Que no se te olvide!	*Vergiss es nicht!*
¡Que tengas suerte!	*Viel Glück!*

LEICHT GEMERKT

Leitet **¡Que…!** einen Wunsch ein, ist es akzentlos glücklich.

- in zahlreichen feststehenden Ausdrücken,

como sea	*egal wie*
pase lo que pase	*egal, was geschieht*
o sea	*das heißt*
lo que sea	*egal was*
quien(quiera que) sea	*egal wer*

- nach unpersönlichen Ausdrücken

Es importante que sepas lo que quieres.	*Es ist wichtig, dass du weißt was du willst.*
Es mejor que que te quedes hoy en la cama.	*Es ist besser, dass du heute im Bett bleibst.*

No hace falta que te pongas el jersey.	*Es ist nicht nötig, dass du dir den Pullover anziehst.*
Es necesario que usted firme el contrato.	*Es ist notwendig, dass Sie den Vertrag unterschreiben.*

- zur Wiedergabe von Befehlsformen in der indirekten Rede (ausführlichere Beschreibung auf S. 137),

Dice el jefe que te quedes y hables con él.	*Der Chef sagt, du sollst bleiben und mit ihm sprechen.*

- in Relativsätzen, wenn nicht die Wirklichkeit, sondern ein Wunsch, eine Vorstellung, eine Eventualität beschrieben wird,

Quiero un bolso que tenga las asas de metal.	*Ich möchte eine Tasche mit Griffen aus Metall.*
Busco un piso que esté cerca del centro.	*Ich suche eine Wohnung in Zentrumsnähe.*
El que haya terminado puede irse.	*Wer fertig ist, kann gehen.*

- in mit **que** eingeleiteten Nebensätzen nach

1. Willensäußerungen (Wünsche, Befehle, Bitten, Erlaubnis, Rat, Absicht, Vorschläge und Angebote),

Quiero que vayas a la ciudad.	*Ich möchte, dass du in die Stadt fährst.*
¿Cuándo os parece bien que lleguemos?	*Wann sollen wir kommen?*
¿Desean que los acompañe?	*Soll ich Sie begleiten?*
Estudio español para que mis amigos peruanos me entiendan.	*Ich lerne Spanisch, damit meine peruanischen Freunde mich verstehen.*
La voluntad de que todo salga bien nos ayudará.	*Der Wille, dass alles gut gelingt, wird uns helfen.*

2. Gefühlsäußerungen (Gemütszustände, Hoffnung, Furcht, Freude, Bedauern, Erstaunen),

Espero que estés bien.	*Ich hoffe, es geht dir gut.*
Temo que no salga como pensamos.	*Ich befürchte, es wird nicht klappen, wie wir dachten.*
Deseo que todo vaya bien.	*Ich wünsche, dass alles gut läuft.*
Me alegra que hayas venido.	*Es freut mich, dass du gekommen bist.*

3. Meinungsäußerungen, Bewertungen, Reaktionen.

Me gusta que haga buen tiempo.	*Es gefällt mir, dass schönes Wetter ist.*
Me molesta que digas eso.	*Es stört mich, dass du das sagst.*
Nos extraña que no hayan llamado.	*Es wundert uns, dass sie nicht angerufen haben.*
Tengo ganas de que lleguen las vacaciones.	*Ich möchte, dass (endlich) Ferien sind.*
Me parece bien que le ayudes.	*Ich finde es gut, dass du ihm hilfst.*
No hace falta que vengáis.	*Ihr braucht nicht zu kommen.*
Es estupendo que lo hayas conseguido.	*Es ist einfach klasse, dass du's geschafft hast.*
¡Qué raro que no hayan llamado!	*Komisch, dass sie nicht angerufen haben!*

! Wenn Haupt- und Nebensatz das gleiche Subjekt haben wird der Infinitiv verwendet.

Me molesta que tengas que decírselo.	*Es stört mich, dass du es ihm/ihr sagen musst.*
aber	
Me molesta tener que decírselo.	*Es stört mich es ihm/ihr sagen zu müssen.*

Es gibt Verben, die in der bejahten Form mit Indikativ auskommen, während deren Verneinung den Subjuntivo verlangt. Das sind die Verben der persönlichen Meinungsäußerung, des Glaubens und Denkens. Aber aufgepasst: Ausschlaggebend ist, dass das Verb des Hauptsatzes verneint ist.

Creo que va a venir.	*Ich glaube, dass er/sie kommen wird.*
Creo que no va a venir.	*Ich glaube, dass er/sie nicht kommen wird.*
aber	
No creo que vaya a venir.	*Ich glaube nicht, dass er/sie kommen wird.*
Pienso que es interesante.	*Ich denke, dass es interessant ist.*
Pienso que no es interesante.	*Ich denke, dass es nicht interessant ist.*
aber	
No pienso que sea interesante.	*Ich denke nicht, dass es interessant ist.*

Gegenüberstellung von Indikativ und Subjuntivo

Es gibt Fälle, in denen beide Modi, sowohl Subjuntivo als auch Indikativ grammatikalisch zwar zulässig sind, in denen es jedoch je nach Modus zu Bedeutungsunterschieden kommt. Das ist der Fall

- bei Temporalsätzen. Abhängig davon, ob der ausschlaggebende Zeitpunkt auf die Zukunft bezogen ist oder nicht, wird der eine oder andere Modus gebraucht.

Cuando viene Luis tomamos vino.	*Jedesmal, wenn Luis kommt, trinken wir Wein.*
Cuando venga tomaremos vino.	*Wenn er kommt, werden wir Wein trinken.*
Espero hasta que llegan noticias.	*Ich warte (immer), bis es Nachrichten gibt.*
Espero hasta que lleguen noticias.	*Ich werde warten, bis es Nachrichten gibt.*
En cuanto nos llaman, salimos.	*Wir gehen (immer) fort, sobald sie uns anrufen.*
En cuanto nos llamen, salimos.	*Sobald sie uns anrufen, werden wir fortgehen.*

- in Verbindung mit bestimmten Konjunktionen.

Aunque hace frío vamos al Norte.	*Obwohl es kalt ist, fahren wir in den Norden.*
Aunque haga frío vamos al Norte.	*Auch wenn es kalt sein sollte, fahren wir in den Norden.*
Dado que te interesa, hazlo.	*Da es dich interessiert, mach es.*
Dado que te interese, hazlo.	*Vorausgesetzt, dass es dich interessiert, mach es.*

LEICHT GEMERKT

Der Subjuntivo muss verwendet werden:

- in Hauptsätzen zum Ausdruck von Vermutungen.
- in mit **que** eingeleiteten Ausrufesätzen, die eine Willens- oder Wunschäußerung ausdrücken.
- in bestimmten feststehenden Ausdrücken.
- nach unpersönlichen Ausdrücken.
- zur Wiedergabe von Befehlsformen in der indirekten Rede.
- in Relativsätzen, wenn ein Wunsch, eine Vorstellung, eine Eventualität beschrieben wird.

- in mit **que** eingeleiteten Nebensätzen nach Willens-, Gefühls-, oder Meinungsäußerungen.
- nach **no creo que…, no pienso que…**
- bei Temporalsätzen, wenn der ausschlaggebende Zeitpunkt auf die Zukunft bezogen ist.
- in Verbindung mit bestimmten Konjunktionen.

4. Der Subjuntivo des Imperfekts und des Plusquamperfekts

Der Subjuntivo der Vergangenheit kann auf zwei Arten gebildet werden:

Imperfecto de Subjuntivo – Subjuntivo Imperfekt			
	-ar: hablar	**-er: aprender**	**-ir: vivir**
yo tú él/ella/usted nosotros/ nosotras vosotros/ vosotras ellos/ellas/ ustedes	habla**ra/-se** habla**ras/-ses** habla**ra/-se** hablá**ramos/** **-semos** habla**rais/** **-seis** habla**ran/** **-sen**	aprendie**ra/-se** aprendie**ras/-ses** aprendie**ra/-se** aprendié**ramos/** **-semos** aprendie**rais/** **-seis** aprendie**ran/** **-sen**	vivie**ra/-se** vivie**ras/-ses** vivie**ra/-se** vivié**ramos/** **-semos** vivie**rais/-** **seis** vivie**ran/** **-sen**

Pluscuamperfecto de Subjuntivo – **Subjuntivo Plusquamperfekt**		
haber (Imperfecto de Subjuntivo) + Participio	hubiera/-se hubieras/-ses hubiera/-se hubiéramos/-semos hubierais/-seis hubieran/-sen	hablado aprendido vivido

Die beiden Formen des Subjuntivo Imperfekt und Plusquamperfekt sind inhaltlich identisch und deshalb austauschbar. Es gibt allerdings Verben, bei denen sich eine Form gegenüber der anderen stärker durchgesetzt hat und somit gebräuchlicher ist. So wird z. B. **quisiera** häufiger verwendet als **quisiese**, **parase** häufiger als **parara** usw.

LEICHT GEMERKT

Sie können die Formen des Subjuntivo Imperfekt ganz einfach von der 3. Person Plural des Indefinido ableiten.

habla**ron** aprendie**ron** vivie**ron** hicie**ron** estuvie**ron** dije**ron** fue**ron** hubie**ron**	+	-ra/-se -ras/-ses -ra/-se -ramos/-semos -rais/-seis -ran/-sen

Der Gebrauch des Subjuntivo Imperfekts und des Plusquamperfekts

Der Gebrauch des Subjuntivo der Vergangenheit folgt denselben Regeln wie der Gebrauch des Subjuntivo des Präsens. In den Fällen jedoch, in denen der Hauptsatz in der Vergangenheit steht, wird im Nebensatz der Subjuntivo Präsens zum Subjuntivo Imperfekt und der Subjuntivo Perfekt zum Subjuntivo Plusquamperfekt.

No quiero que vengas. *Ich will nicht, dass du kommst.*
No quise que vinieras. *Ich wollte nicht, dass du kommst.*
Es importante que lo hagas. *Es ist wichtig, dass du es machst.*
Era importante que lo hicieras. *Es war wichtig, dass du es gemacht hast.*
Me extraña que lo haya dicho. *Es wundert mich, dass er/sie es gesagt hat.*
Me extrañó que lo hubiese dicho. *Es wunderte mich, dass er/sie es gesagt hatte.*

LEICHT GEMERKT

Hauptsatz steht in der Vergangenheit:

Nebensatz: Subjuntivo Präsens ▸ Subjuntivo Imperfekt
Subjuntivo Perfekt ▸ Subjuntivo Plusquamperfekt

5. Die nicht konjugierten Formen des Verbs

Der Infinitiv, das Gerundium und das Partizip dienen in Verbindung mit einem Hilfsverb zur Bildung von Zeiten, in Verbindung mit einem weiteren Vollverb zur Bildung von Verbalkonstruktionen – feste Verbindungen, die im Spanischen sehr gebräuchlich sind.

Der Infinitiv

Den Infinitiv erkennen Sie an den Endungen **-ar**, **-er** oder **-ir.**

Infinitivo – Infinitiv			Infinitivo II – Infinitiv II		
			haber (Infinitivo)	+	Participio
-ar	**-er**	**-ir**			hablado
habl**ar**	aprend**er**	viv**ir**	haber		aprendido
					vivido

Verbalkonstruktionen mit dem Infinitiv

acabar de	Acabo de hablar con ella.	*Ich habe gerade mit ihr gesprochen.*
comenzar/ empezar a	Comencé a/Empecé a trabajar ayer.	*Gestern habe ich angefangen zu arbeiten.*
estar a punto de	Estoy a punto de terminarlo.	*Ich bin gleich damit fertig.*
tratar de/ intentar	Trata de/Intenta dormir.	*Versuch zu schlafen.*
pensar	Pienso cambiarme de piso.	*Ich habe vor, umzuziehen.*
volver a	Han vuelto a preguntar por ti.	*Sie haben wieder/nochmals nach dir gefragt.*
dejar de	Hemos dejado de fumar.	*Wir haben aufgehört zu rauchen.*
soler	Solemos acostarnos pronto.	*Normalerweise gehen wir früh schlafen.*

ponerse a	De pronto se puso a gritar.	*Er/Sie fing plötzlich an zu schreien.*
ir a	Voy a comprar.	*Ich gehe einkaufen.*
atreverse a	No me atrevo a decirlo.	*Ich traue mich nicht es zu sagen.*
dejar	¡Déjame ir!	*Lass mich gehen!*
obligar a/ hacer	El tiempo nos obligó a/nos hizo regresar.	*Das Wetter zwang uns dazu, zurückzukehren.*
conseguir/ lograr	No conseguí/logré llegar a tiempo.	*Ich schaffte es nicht/Es gelang mir nicht, rechtzeitig zu kommen.*
saber	No sabe leer ni escribir.	*Er/Sie kann weder lesen noch schreiben.*
oír bzw. ver	¿Me oíste llegar? – No, pero sí te vi encender la luz.	*Hast du mich kommen hören? – Nein, aber ich habe dich das Licht anmachen sehen.*

Das Gerundium

Die zweite unpersönliche Form lässt sich sehr leicht aus dem Infinitiv ableiten.

Gerundio - Gerundium				
Verben der 1. Gruppe tauschen **-ar** gegen **-ando**	cantar	▸	cant	**ando**
Verben der 2. u. 3. Gruppe tauschen **-er** bzw. **-ir** gegen **-iendo**	comer	▸	com	**iendo**
	escribir	▸	escrib	**iendo**

Sie sollten bei der Bildung des Gerundiums jedoch auf folgende Unregelmäßigkeiten achten:

- Bei Verben auf **-ir**, die im Indikativ Präsens die Stammvokalveränderung **e** ▸ **i** oder **e** ▸ **ie** erfahren, wird im Gerundium das **e** zu **i**.

pedir	**pidiendo**	**reír**	**riendo**
decir	**diciendo**	**seguir**	**siguiendo**
sentir	**sintiendo**		

- Bei Verben, deren Stamm auf Vokal endet, wird das **-i-** zwischen zwei Vokalen zu **-y-**.

leer	**leyendo**
oír	**oyendo**
ir	**yendo**

- Bei folgenden drei Verben wird der Stammvokal **-o-** zu **-u-**.

dormir	**durmiendo**
morir	**muriendo**
poder	**pudiendo**

Das Gerundium wird verwendet

- als Verkürzung von Nebensätzen, die im Deutschen mit *indem, weil, während, wenn, da, als* eingeleitet werden. Es steht in diesem Fall alleine und schließt sich häufig an die konjugierte Form des Verbs an.

Leyendo se aprende mucho.	*Man lernt viel beim Lesen/indem man liest.*
Se levantó llorando.	*Er/Sie stand weinend auf.*
Me caí bajando la escalera.	*Ich stürzte, als ich die Treppe runterging.*
He venido andando.	*Ich bin zu Fuß gekommen.*
Llegó corriendo.	*Er/Sie kam angerannt.*
No arreglas nada enfadándote.	*Es bringt nichts, wenn du dich ärgerst.*

- zur Bildung der Verlaufsform, d. h. zur Bezeichnung einer Handlung, die gerade stattfindet, wobei der Verlauf der Handlung in besonderer Weise betont wird. In diesem Fall steht das Gerundium mit der konjugierten Form von **estar**.

¿Qué estás haciendo?	*Was machst du da/gerade?*
Siempre estaba cantando.	*Er/Sie war immer am Singen.*
¿Todavía estás comiendo?	*Bist du immer noch beim Essen?*
¿Por qué (te) has estado riendo en clase?	*Warum hast du im Unterricht die ganze Zeit gelacht?*
Estoy trabajando en un café.	*Zur Zeit jobbe ich in einem Café.*
Estuvimos viviendo un tiempo en Berlín.	*Wir wohnten eine Zeit lang in Berlin.*
Te estaré esperando aquí.	*Ich werde hier auf dich warten.*
Habíamos estado pensando mucho sobre ello.	*Wir hatten lange darüber nachgedacht.*

Die Verbalperiphrase **estar + Gerundio** kann mit Verben, die eine Tätigkeit ausdrücken, gebildet werden.

Estoy trabajando. *Ich arbeite gerade.*

Diese Konstruktion ist jedoch nicht möglich mit Verben, die Zustände, Fähigkeiten oder Gewohnheiten beschreiben, wie z. B. **estar**, **soler**, **poder**, **saber**.

La película está ahora muy aburrida. *Der Film ist gerade sehr langweilig.*

LEICHT GEMERKT

Verbalkonstruktionen mit dem Gerundium

Wenn ein Personalpronomen mit der Periphrase **estar + Gerundio** in Verbindung gebracht wird, dann wird das Pronomen entweder vor dem Verb **estar** gestellt oder es kann an das Partizip angehängt werden. Hierbei gibt es keinen Bedeutungsunterschied.

Me estoy vistiendo. oder **Estoy vistiéndome**. *Ich ziehe mich gerade an.*

LEICHT GEMERKT

seguir/continuar	**Sigue/Continúa leyendo, por favor.**	*Lies bitte weiter.*
llevar + Zeitraum	**Llevo seis años viviendo aquí.**	*Ich wohne schon sechs Jahre hier.*
ir	**Vamos arreglando la casa.**	*Wir renovieren nach und nach das Haus.*
venir	**Viene dándose este problema desde hace tiempo.**	*Dieses Problem taucht seit einiger Zeit immer wieder auf.*
empezar	**El conferenciante empezó citando a Goethe.**	*Der Referent fing mit einem Zitat von Goethe an.*
acabar/terminar	**Acabaron/Terminaron mudándose.**	*Schließlich sind sie umgezogen.*

pasarse + Zeitraum	**Te pasas el día trabajando.**	*Du arbeitest den ganzen Tag.*

Das Partizip

Das Partizip lässt sich nach zwei Regeln vom Infinitiv ableiten.

Participio – Partizip	
Verben, der 1. Gruppe tauschen **-ar** gegen **-ado**	sent**ar** ▸ sent**ado**
Verben, der 2. und 3. Gruppe tauschen **-er** bzw. **-ir** gegen **-ido**	com**er** ▸ com**ido** sent**ir** ▸ sent**ido**

Bei den Partizipien gibt es jedoch zahlreiche unregelmäßige Formen – auch bei sonst regelmäßigen Verben.

decir: dicho	**hacer:** hecho	**poner:** puesto	**ver:** visto
abrir: abierto	**escribir:** escrito	**freír:** frito	**imprimir:** impreso
romper: roto	**morir:** muerto	**volver:** vuelto	**proveer:** provisto

Dies gilt natürlich auch für alle von diesen abgeleiteten, zusammengesetzten Verben.

predecir: predicho **deshacer:** deshecho **reponer:** repuesto

Das Partizip kann alleine oder als Teil einer Verbalkonstruktion im Satz stehen. Während das Partizip in den zusammengesetzten Zeiten unveränderlich ist, wird es in diesen Fällen an das Substantiv in Zahl und Geschlecht angeglichen.

Terminada la representación, el público aplaudió durante diez minutos.	*Nachdem die Aufführung beendet war, klatschte das Publikum zehn Minuten lang Beifall.*
Encontré a los niños ya dormidos.	*Ich fand die Kinder schon schlafend vor.*

Verbalkonstruktionen mit dem Partizip

estar sentado, -a	**Estábamos sentados en el jardín.**	*Wir saßen im Garten.*
estar tumbado, -a	**Está tumbada al sol.**	*Sie liegt in der Sonne.*

estar levantado, -a	**¿Ya estáis levantados?**	*Seid ihr schon auf?*
llevar + Zeitraum	**Los documentos llevan días preparados.**	*Die Unterlagen sind seit Tagen abholbereit.*
dejar	**¿Quién ha dejado la luz encendida?**	*Wer hat das Licht angelassen?*

6. Das Passiv

Bei der Bildung des Passivs ist Folgendes zu beachten:

- Das Passiv wird mit dem Hilfsverb **ser** + Partizip Perfekt gebildet.
- Nur transitive Verben, d. h. Verben, die ein direktes Objekt haben, können im Passiv verwendet werden.
- Das Partizip richtet sich in Geschlecht und Zahl nach dem Subjekt des Satzes.
- Der Urheber der Handlung wird durch die Präposition **por** angeschlossen.

La exposición ha sido inaugurada esta mañana. — *Die Ausstellung ist heute Morgen eröffnet worden.*
Los manifestantes fueron controlados por la policía. — *Die Demonstranten wurden von der Polizei kontrolliert.*
Los resultados son esperados con impaciencia. — *Die Ergebnisse werden ungeduldig erwartet.*
El "Quijote" fue escrito por Cervantes. — *Der „Don Quichotte" wurde von Cervantes geschrieben.*
Ha sido descubierto un nuevo remedio contra el cáncer. — *Es ist ein neues Mittel gegen den Krebs entdeckt worden.*

Das Passiv wird im Spanischen hauptsächlich in der Schriftsprache verwendet. Im alltäglichen Sprachgebrauch hört man dagegen häufig die folgenden Alternativen zum Passiv:

En España se hablan cuatro lenguas. — *In Spanien werden vier Sprachen gesprochen.*
En esta empresa exigen traje. — *In diesem Unternehmen herrscht Anzugspflicht.*

9

DAS PRONOMEN

Der Name zeigt schon, was den Pronomen für ein Wert in der Sprache zukommt. Die *Pro-Nomen* oder Fürwörter stehen in der Tat für andere Wörter, die durch sie ersetzt oder betont werden. So vielfältig die Inhalte sind, die durch Pronomen ersetzt werden können, so vielfältig sind auch die unterschiedlichen Gruppen der Pronomen:

Die einen beziehen sich auf Personen, die anderen auf etwas Abstraktes oder Unbekanntes. Mit manchen kann der Standpunkt des Sprechers zum bezeichneten Objekt verdeutlicht werden, wieder andere drücken Besitzverhältnisse aus.

LEICHT GEMERKT

Hier eine kurze Übersicht der Pronomen:

Subjektpronomen

Yo tengo 29 años.	*Ich bin 29 Jahre alt.*
Tú eres de México.	*Du kommst aus Mexiko.*
Él no quiere ir a la escuela.	*Er möchte nicht in die Schule.*
Ella baila tango.	*Sie tanzt Tango.*
Usted necesita ayuda.	*Sie brauchen Hilfe.*
Nosotros/Nosotras vivimos aquí.	*Wir wohnen hier.*
Vosotros/Vosotras sois muy amables.	*Ihr seid sehr nett.*
Ellos/Ellas/Ustedes viajan mucho.	*Sie reisen viel.*

Die Personalpronomen werden in der spanischen Sprache sehr oft weggelassen, da man anhand der Verb-Endungen bereits erkennen kann, welche Person gemeint ist.

Objektpronomen

Im Deutschen wird zwischen dem Akkusativobjekt und dem Dativobjekt unterschieden. Im Spanischen sind diese Begriffe eher unter **objeto directo** und **objeto indirecto** bekannt.

Akkusativobjekt

(Él) me ha visto en el cine.	*Er hat mich im Kino gesehen.*
(Yo) te abrazo.	*Ich umarme dich.*
¿Lo sabes?	*Weißt du es?*
(Nosotros) la conocemos	*Wir kennen sie.*
¿Nos cuentas un cuento?	*Erzählst du uns eine Geschichte?*
Os invito a mi fiesta.	*Ich lade euch zu meinem Fest ein.*
Mi marido los acompaña.	*Mein Mann begleitet sie.*

¿Inés y Mar?, las veo muy de vez en cuando.	*Inés und Mar? Ich sehe sie sehr selten.*

Dativobjekt

¿Me prestas el libro?	*Leihst du mir das Buch?*
Mamá, hoy te doy un beso.	*Mama, heute gebe ich dir einen Kuss.*
Ya le he dado el regalo.	*Ich habe ihm schon das Geschenk gegeben.*
A Luisa le encanta el baile.	*Luisa liebt das Tanzen.*
Nos prometió un viaje a Chile.	*Er hat uns eine Reise nach Chile versprochen.*
¿Os puedo ayudar?	*Kann ich euch helfen?*
No les gustó.	*Es hat ihnen nicht gefallen.*
A las vecinas les presté mi destornillador.	*Ich habe den Nachbarinnen meinen Schraubenzieher geliehen.*

Reflexivpronomen

(Yo) siempre me ducho por las mañanas.	*Ich dusche immer vormittags.*
¿(Tú) te maquillas?	*Schminkst du dich?*
(Él) no se preocupa.	*Er sorgt sich nicht.*
(Ella) se pone guapa.	*Sie macht sich hübsch.*
Hoy nos hemos levantado temprano.	*Heute sind wir früh aufgestanden.*
¿Os habéis lavado los dientes?	*Habt ihr euch die Zähne geputzt?*
Se han peinado solitas.	*Sie haben sich alleine gekämmt.*

Possessivpronomen

Sie zeigen Besitz eines Substantivs an. Im Spanisch gibt es zwei Formen: Die unbetonte Form und die betonte Form.

Die unbetonte Form

Ese es mi coche.	*Das ist mein Auto.*
¿Cómo se llama tu novia?	*Wie heißt deine Freundin?*
Su cantante favorita es Shakira.	*Seine Lieblingssängerin ist Shakira.*
Su novio es de Honduras.	*Ihr Freund kommt aus Honduras.*
Su nombre, por favor.	*Ihr Name, bitte!*
Nuestro jefe es muy joven.	*Unser Chef ist sehr jung.*
Nuestra casa necesita una reforma.	*Unser Haus benötigt einen Umbau.*
¿Cómo están vuestros hijos?	*Wie geht es euren Kindern?*

Muchos saludos a vuestra madre.	*Viele Grüße an eure Mutter.*
Ellos están muy contentos porque su equipo ha ganado.	*Sie sind sehr glücklich, weil ihre Mannschaft gewonnen hat.*
Las niñas están en sus habitaciónes.	*Die Mädchen sind in ihren Zimmern.*

Die betonte Form

El CD es mío.	*Das ist meine CD.*
¿Estos calcetines son tuyos?	*Sind das deine Socken?*
Los libros no son suyos.	*Das sind nicht seine/ihre Bücher.*
La bicicleta es nuestra.	*Das ist unser Fahrrad.*
El cochecito para niños es vuestro, ¿no?	*Das ist euer Kinderwagen, nicht wahr?*
Mis padres no están porque unos amigos suyos los han invitado a un restaurante.	*Meine Eltern sind nicht da, weil ihre Freunde sie in ein Restaurant eingeladen haben.*

1. Das Demonstrativpronomen

Die Demonstrativpronomen, auch hinweisende Pronomen, weisen, wie der Name verrät, auf die Entfernung hin, die uns vom Erwähnten trennt.

Im Spanischen herrscht dabei grundsätzlich eine dreiteilige Anschauung des Raumes:

- Das Demonstrativpronomen **este, -a** drückt aus, dass sich ein Gegenstand oder eine Person im direkten Bereich und in greifbarer Nähe des Sprechers befindet.

este periódico	*diese Zeitung (hier)*
esta mujer	*diese Frau (hier)*
estos niños	*diese Kinder (hier)*
estas botellas	*diese Flaschen (hier)*

- Möchte man auf einen Gegenstand oder eine Person hinweisen, die sich in der Nähe des Sprechers befindet aber nicht greifbar ist oder die im Bereich des Gesprächspartners liegt, verwendet man das Demonstrativpronomen **ese, -a.**

ese chico	*der Junge (da)*	**esa *flor***	*die Blume (da)*
esos papeles	*die Papiere (da)*	**esas *personas***	*die Menschen (da)*

- Befindet sich der Gegenstand oder die Person weder in der Nähe des Sprechers noch des Angesprochenen und ist er für beide nicht greifbar, verwendet man das Demonstrativpronomen **aquel, aquella**.

aquel hombre — *der Mann dort/jener Mann*
aquella montaña — *der Berg dort/jener Berg*
aquellos árboles — *die Bäume dort/jene Bäume*
aquellas nubes — *die Wolken dort/jene Wolken*

Die Demonstrativpronomen können sowohl das Substantiv begleiten als auch alleine stehen; im letzten Fall tragen sie in der Regel einen Akzent.

¿Quieres este trozo de pastel? — *Willst du dieses Stück Kuchen?*
No, prefiero ése de al lado. — *Nein, ich hätte lieber das daneben.*

Zu den drei angeführten Demonstrativpronomen gibt es auch ein Neutrum **(esto, eso, aquello)**, das jedoch nie zusammen mit einem Substantiv gebraucht wird und immer allein steht (und deshalb keinen Akzent benötigt).

¿Qué es eso? — *Was ist das?*
¿Esto? Un salchichón. — *Das hier? Eine Pfefferwurst.*

LEICHT GEMERKT

	Singular	Plural	
(m) (f)	**este** **esta**	**estos** **estas**	(de aquí)
(m) (f)	**ese** **esa**	**esos** **esas**	(de ahí)
(m) (f)	**aquel** **aquella**	**aquellos** **aquellas**	(de allí)

Merksatz:
Die Neutrumsformen **esto, eso, aquello** stehen nie bei einem Substantiv und tragen nie einen Akzent.

2. Das Interrogativpronomen

Um Fragen zu stellen, auf die man mit *ja* oder *nein* antworten kann, vertauscht man im Deutschen einfach Subjekt und Verb, im Spanischen nicht einmal das. Hier ist es die Satzmelodie, die aus einem Aussage- einen Fragesatz macht. In diesem Fall hebt sich die Stimme am Ende des Satzes. Wollen Sie eine ausführlichere Antwort haben, beginnen Sie den Fragesatz meist mit einem Interrogativpronomen.

quién/ quiénes *wer*	**¿Quién ha llamado?** **¿A quién esperas?** **¿Por quién preguntan?** **¿Quiénes son los de la izquierda?**	*Wer hat angerufen?* *Auf wen wartest du?* *Nach wem fragen sie?* *Wer sind jene auf der linken Seite?*
qué *was* *wie viel* *was für ein* *welche(r)*	**¿Qué has dicho?** **¿De qué se trata?** **¿Para qué vienes?** **¿Qué hora es?** **¿Qué novela lees?** **¿Qué abrigo es el de Ana?**	*Was hast du gesagt?* *Um was/Worum geht es?* *Wozu kommst du?* *Wie viel Uhr ist es?* *Was für einen Roman liest du?* *Welcher Mantel ist Anas?*
por qué *warum*	**¿Por qué os marcháis ya?** **¿Por qué no?**	*Warum geht ihr schon?* *Warum nicht?*
cómo *wie*	**¿Cómo te llamas?** **¿Cómo está su familia?**	*Wie heißt du?* *Wie geht es Ihrer/seiner/ihrer Familie?*
cuánto, -a, -os, -as *wie viel* *wie lange* *wie oft*	**¿Cuánta ropa necesitas?** **¿Cuántos hermanos tienes?** **¿Cuánto gana un actor?** **¿Cuánto dura el viaje?** **¿Cuánto tiempo has vivido allí?** **¿Cuántas veces has estado en Chile?**	*Wie viel Kleidung brauchst du?* *Wie viele Geschwister hast du?* *Wie viel verdient ein Schauspieler?* *Wie lange fährt man?* *Wie lange hast du dort gewohnt?* *Wie oft warst du schon in Chile?*
dónde *wo*	**¿Dónde has aprendido español?** **¿Dónde está la parada?**	*Wo hast du Spanisch gelernt?* *Wo ist die Haltestelle?*

adónde *wohin*	**¿Adónde quieren ir ustedes?** **¿Adónde vas tan pronto?**	*Wo möchten Sie hin?* *Wohin gehst du so früh?*
de dónde *woher*	**¿De dónde son tus amigos?** **¿De dónde vienes?**	*Woher sind deine Freunde?* *Woher kommst du?*
cuál, cuáles *welche(r)*	**¿Cuál es la capital?** **¿Cuáles son tuyos?**	*Welche ist die Hauptstadt?* *Welche gehören dir?*
cuándo *wann*	**¿Cuándo empieza la peli?**	*Wann beginnt der Film?*

LEICHT GEMERKT

Merke:

Frage:	**¿por qué?**	*warum?*
Antwort:	**porque**	*weil*
Substantiv:	**el porqué**	*der Grund*

Die Interrogativpronomen findet man natürlich auch in indirekten Fragen.

No sé por qué estás tan triste.	*Ich weiß nicht, warum du so traurig bist.*
Nos han dicho cuál es su casa.	*Sie haben uns gesagt, welches Ihr/sein/ihr Haus ist.*
Dime qué hora es.	*Sag mir, wie spät es ist.*
¿Sabes con quién he hablado?	*Weißt du, mit wem ich gesprochen habe?*

oder als Ausruf.

¡Qué bien!	*Wie gut!*
¡Cómo no!	*Aber klar!*

LEICHT GEMERKT

Alle Interrogativpronomen tragen einen Akzent, um sie von anderen Formen zu unterscheiden.

qué - que	*was - dass*
cómo - como	*wie - ich esse*
cuándo - cuando	*wann - wenn*

Das Interrogativpronomen **cuál(es)** bedeutet ebenso wie **qué** *welcher, welche, welches*. Während **qué** vor einem Substantiv gebraucht wird, steht **cuál(es)** immer alleine.

¿Qué reloj le compramos a Paloma?	*Welche Uhr kaufen wir Paloma?*
No sé. ¿Cuál te gusta más?	*Ich weiß nicht. Welche gefällt dir besser?*
¿Cuál es la capital de Honduras?	*Welches ist die Hauptstadt von Honduras?*
¿Cuál es tu nombre/apellido?	*Wie heißt du mit Vornamen/Nachnamen?*

3. Das Personalpronomen

Das wichtigste aller Pronomen ist sicherlich das Personalpronomen oder auch persönliches Fürwort.

Personalpronomen als Subjekt des Satzes

yo	**soy**	*ich bin*
tú	**eres**	*du bist*
él, ella, usted	**es**	*er/sie ist/Sie sind*
nosotros, nosotras	**somos**	*wir sind*
vosotros, vosotras	**sois**	*ihr seid*
ellos, ellas, ustedes	**son**	*sie/Sie sind*

Bei den Höflichkeitsformen **usted** und **ustedes** wird unterschieden, ob wir mit einer oder mehreren Personen sprechen.

Gebrauch der Personalpronomen als Subjekt

Obwohl das Spanische über zahlenmäßig mehr Personalpronomen verfügt als das Deutsche, werden diese im Satz meistens weggelassen. Warum? – Weil die Endungen des Verbs schon deutlich genug zeigen, wer das Subjekt des Satzes ist.

Verwendet werden die Personalpronomen trotzdem, dann aber meist zu einem bestimmten Zweck, z. B.

- wenn etwas betont oder hervorgehoben wird,

¿Has roto tú el jarrón?	*Hast du die Vase kaputtgemacht?*
No, ha sido él.	*Nein, das war er.*

- wenn jemand genau identifiziert werden soll,

¿Quién es? – Soy yo.	*Wer ist da? – Ich bin's.*
¿Es usted el Sr. Villa?	*Sind Sie Herr Villa?*
No, yo soy el Sr. López.	*Nein, ich bin Herr López.*

- bei einem Personenwechsel in einem Gespräch.

Soy uruguayo, ¿y usted?	*Ich bin Uruguayer, und Sie?*
Yo soy argentino.	*Ich bin Argentinier.*

Die Höflichkeitsform wird dagegen sehr häufig gebraucht, unter anderem auch deswegen, um eine Verwechslung mit der 3. Person, die die gleiche Verbform aufweist, zu vermeiden.

In ganz Lateinamerika ist die Form **vosotros, -as** ungebräuchlich; statt dessen verwendet man immer **ustedes**, auch wenn man sich mit jemandem duzt:

Roberto, ¿vienes?	*Roberto, kommst du?*
aber	
Roberto y Emilio, ¿vienen ustedes?	*Roberto und Emilio, kommen Sie/ kommt ihr?*

Personalpronomen als direktes und indirektes Objekt des Satzes

Das Angebot an Pronomen im Spanischen ist wesentlich kleiner als im Deutschen, sobald es nicht mehr um das Subjekt, sondern um die Satzobjekte geht.

bezogen auf	direktes Objekt	indirektes Objekt	mit Präposition
yo	**me**	**me**	para **mí**
tú	**te**	**te**	para **ti**
él ella usted	**lo (le)*** **la** **lo (le)*, la**	**le**	para **él** para **ella** para **usted**

nosotros, -as	**nos**	**nos**	para **nosotros, -as**
vosotros, -as	**os**	**os**	para **vosotros, -as**
ellos ellas ustedes	**los (les)*** **las** **los (les)*, las**	**les**	para **ellos** para **ellas** para **ustedes**

* Wenn das direkte Objekt männlich ist und sich auf Menschen bezieht, dürfen auch die in Klammern stehenden Formen **le** und **les** gebraucht werden. In der Regel werden diese Formen in Spanien verwendet, während man in Lateinamerika die *echten* Akkusativformen **lo** und **los** bevorzugt.

LEICHT GEMERKT

Le he visto esta mañana. (Spanien) **Lo he visto esta mañana.** (Lateinamerika)	*Ich habe ihn heute Morgen gesehen.*

Gebrauch der Personalpronomen als Objekt

Im Deutschen wird meist von Akkusativobjekt und Dativobjekt gesprochen, im Spanischen sind die Begriffe **objeto directo** und **objeto indirecto** – *direktes* und *indirektes Objekt* geläufiger.

direktes Objekt	**Te** hemos visto. No **lo** creo. ¿**Os** han invitado? Ya **los** llamo yo.	*Wir haben dich gesehen.* *Ich glaube es nicht.* *Haben sie euch eingeladen?* *Ich rufe sie schon an.*
indirektes Objekt	La película **me** ha gustado. Voy a traer**te** agua. **Les** darás una alegría. ¿**Le** duele, señor?	*Der Film hat mir gefallen.* *Ich bringe dir Wasser.* *Du wirst ihnen eine Freude machen.* *Tut es Ihnen weh?*
mit Präposition	Aún piensa mucho **en ella**. ¿Esto es **para mí**? Estábamos hablando **de ti**. ¡Ven **con nosotros**!	*Er denkt noch viel an sie.* *Ist das für mich?* *Wir haben gerade über dich gesprochen.* *Komm mit uns!*

Die spanischen Personalpronomen verhalten sich in Verbindung mit Präpositionen ganz anders als im Deutschen.

Bei der Verbindung Präposition + Personalpronomen unterscheidet das Spanische nicht zwischen direktem und indirektem Objekt. Hier gelten für das Personalpronomen stets die gleichen Formen: bei der ersten und zweiten Person sind das die Sonderformen **mí** und **ti**. Bei den übrigen Personen tritt die Subjektform der Personalpronomen in Kraft.

Einen Sonderfall stellt die Präposition **con** dar, bei der statt **mí** und **ti** folgende Zusammensetzungen vorkommen:

conmigo	*mit mir*		**con él**	*mit ihm*
contigo	*mit dir*	aber	**con nosotros**	*mit uns*

Stellung der Pronomen im Satz

Pronomen ohne Präposition stehen immer unmittelbar vor dem Verb. Stehen im Satz zwei Pronomen direkt hintereinander, steht das indirekte immer vor dem direkten Objekt.

¿Quién me llama?	*Wer ruft mich (an)?*
Siempre me lo cuenta.	*Er/Sie erzählt es mir immer.*
Ya nos lo han dicho.	*Sie haben es uns schon gesagt.*

LEICHT GEMERKT

Merksatz:
Dos pronombres en una frase,
eso no es un dilema,
el objeto indirecto se pone delante del directo
y solucionado esta el problema.

Zwei Pronomen in einem Satz, das ist kein Dilema,
das indirekte Objekt setzte man vor dem direkten Objekt und das Problem ist gelöst.

Das Personalpronomen kann an den Infinitiv und an das Gerundium, muss an den bejahten Imperativ angehängt werden (auch wenn es zwei sind!).

¿Vamos a verlo?/¿Lo vamos a ver?	*Werden wir es sehen?*
Te lo estoy diciendo/Estoy diciéndotelo.	*Ich sage es dir ja gerade.*
¡Dámelo, por favor!	*Gib es mir bitte!*

Die normale Wortstellung im Spanischen (nicht bei Pronomen) lautet:

Subjekt - Verb - direktes Objekt - indirektes Objekt

Soll das Objekt betont werden, kann dieses an den Satzanfang vor das Verb gestellt werden. In dem Fall muss es durch das entsprechende Pronomen wiederholt werden.

Pedro lleva la maleta.	*Pedro trägt den Koffer.*
La maleta la lleva Pedro.	*Den Koffer trägt Pedro.*
He dado dinero a Juan.	*Ich habe Juan Geld gegeben.*
A Juan le he dado dinero.	*Juan habe ich Geld gegeben.*

Besonders augenfällig ist die Wiederholung des indirekten Objekts durch das entsprechende Pronomen bei Verben wie **gustar**, **encantar**, **doler**. Das Objekt ist bei diesen Verben häufig emotional belegt, so dass es eine besondere Betonung erfährt und in der Regel vorangestellt wird.

A mí me encanta la montaña, pero a mi novio le gusta la playa.	*Mir gefällt es äußerst gut in den Bergen, aber meinem Freund gefällt es am Strand.*
A mi hijo siempre le duele algo.	*Meinem Sohn tut immer etwas weh.*

Stehen zwei Objekte im Satz und stehen die indirekten Objekte **le, les** vor den direkten Objekten **lo, los, la, las**, werden **le** und **les** immer zu **se**:

Mañana se lo doy.	*Morgen gebe ich es ihm/ihr/ihnen/Ihnen.*
¿La llave? Se la he dado a tu hermano.	*Den Schlüssel? Den habe ich deinem Bruder gegeben.*

LEICHT GEMERKT

Das Personalpronomen wird gebraucht

- um zu betonen.
- um jemanden zu identifizieren.
- bei Personenwechsel im Gespräch.

usted, ustedes

- wird oft gebraucht, um eine Verwechslung mit der 3. Person zu vermeiden.
- steht in Lateinamerika für **vosotros/vosotras**, auch wenn man sich duzt.

con + mí ▸ **conmigo** *mit mir*
con + ti ▸ **contigo** *mit dir*
con + sí ▸ **consigo (mismo)** *mit sich (selbst)*

Stehen im Satz zwei Pronomen direkt hintereinander, gilt:
Dativ (indirektes Pronomen) vor Akkusativ (direktes Pronomen).

Das Personalpronomen muss an den bejahten Imperativ angehängt werden.
An einen Infinitiv und an ein Gerundium kann es angehängt werden.

Vor Verben wie **encantar, gustar, doler** wird das indirekte Objekt durch das entsprechende Pronomen wiederholt und somit verstärkt.

Vor **lo, los, la, las** werden **le** und **les** immer zu **se.**

4. Das Reflexivpronomen

Reflexiv oder rückbezüglich bedeutet nichts anderes, als dass die Handlung auf den Handelnden zurückfällt: Wenn Sie *sich* z. B. waschen, handeln Sie nicht nur, sondern sind auch direkt von der Handlung betroffen. Sie sind sowohl Subjekt als auch Objekt der Handlung.

lavarse – *sich waschen*							
yo		**me**	lavo	nosotros nosotras	}	**nos**	lavamos
tú		**te**	lavas	vosotros vosotras	}	**os**	laváis
él ella usted	}	**se**	lava	ellos ellas ustedes	}	**se**	lavan

Im Spanischen spielt es dabei keine Rolle, ob das Reflexivpronomen direktes oder indirektes Objekt ist.

Me lavo por las mañanas. *Ich wasche mich morgens.*
Me lavo las manos. *Ich wasche mir die Hände.*

Das Reflexivpronomen steht vor der konjugierten Verbform und hinter der Verneinung. Es kann an den Infinitiv und an das Gerundium angehängt werden. Bei dem bejahten Imperativ wird das Reflexivpronomen direkt an die konjugierte Verbform hinzugefügt. Das Verb und das angehängte Pronomen bilden dann ein gemeinsames Wort.

¿Se ha afeitado ya Luis?	*Hat Luis sich schon rasiert?*
El niño no se quiere peinar/no quiere peinarse.	*Das Kind will sich nicht kämmen.*
Isabel se está vistiendo/está vistiéndose.	*Isabel zieht sich gerade an.*
¡Tranquilízate, hombre!	*Beruhige dich, Mensch!*

Im Spanischen gibt es zahlreiche reflexive Verben, die im Deutschen nicht reflexiv sind. Lassen Sie sich also nicht davon irritieren, dass Spanier und Lateinamerikaner nicht heißen, sondern *sich nennen*, nicht aufstehen, sondern *sich erheben* und nicht gehen, sondern *sich gehen*.

llamarse	*heißen*	**beberse**	*austrinken*
marcharse	*fortgehen*	**ducharse**	*duschen*
levantarse	*aufstehen*	**caerse**	*hinfallen*
comerse	*aufessen*	**bañarse**	*baden*
acostarse	*schlafen gehen*	**mudarse**	*(sich) umziehen*

LEICHT GEMERKT

Es gibt jedoch auch Verben, die im Deutschen zwar reflexiv sind, nicht aber im Spanischen, so z. B:

recordar	*sich erinnern*	**temer**	*sich fürchten*
agradecer	*sich bedanken*	**pasar vergüenza**	*sich schämen*

Zahlreiche Verben werden im Spanischen sowohl reflexiv als auch nicht reflexiv gebraucht. Bei einigen Verben ändert sich dabei die Bedeutung nicht wesentlich; die reflexive Form drückt entweder eine stärkere Gefühlsbezogenheit des Sprechers aus

El presidente murió en 1993.	*Der Präsident starb 1993.*
Hace dos meses se murió mi tío.	*Mein Onkel ist vor zwei Monaten gestorben.*

oder ist umgangssprachlicher als die nicht reflexive Form.

Rieron al oír el chiste.	*Sie lachten bei dem Witz.*
Nos reímos muchísimo.	*Wir haben viel gelacht.*

Meist bestehen jedoch Bedeutungsunterschiede zwischen dem reflexiven und nicht reflexiven Gebrauch eines Verbs.

cambiar	*(sich) ändern,*
cambiarse	*sich umziehen wechseln*
dormir	*schlafen*
dormirse	*einschlafen*
ir	*gehen, fahren*
irse	*weggehen*
parecer	*scheinen*
parecerse	*sich ähneln*
quedar	*übrig bleiben, sich*
quedarse	*bleiben verabreden*
romper	*kaputt machen*
romperse	*kaputtgehen*

LEICHT GEMERKT

Das Reflexivpronomen

- steht vor dem konjugierten Verb und hinter der Verneinung.
- muss an einen bejahten Imperativ angehängt werden.
- kann an einen Infinitiv oder an ein Gerundium angehängt werden.

Nicht alle Verben, die im Spanischen reflexiv sind, sind das auch im Deutschen (und umgekehrt).

Zahlreiche Verben werden sowohl reflexiv als auch nicht reflexiv gebraucht. Meistens gibt es zwischen dem nicht reflexiven und dem reflexiven Verb große Bedeutungsunterschiede.

Der Gebrauch von se

Hier ein kurzer Überblick über die unterschiedlichen Bedeutungen von **se**:

- **Se** ist das Reflexivpronomen für die 3. Person Singular und Plural.

El se ha bebido una botella de agua.	*Er hat eine Flasche Wasser getrunken.*
Ellas se han levantado bastante tarde.	*Sie sind ziemlich spät aufgestanden.*

- Wie bereits erwähnt, ersetzt **se** die Form **le(s)** vor **lo(s), la(s)**.
  He regalado los libros a Leila. *Ich habe Leila die Bücher geschenkt.*
  Se los he regalado. *Ich habe sie ihr geschenkt.*

- **Se** mit der 3. Person des Verbs bildet die unpersönliche Form und wird häufig als Umschreibung des Passivs benutzt.

  Aquí se habla alemán. *Hier wird Deutsch gesprochen.*
  Se cuenta que… *Es wird erzählt, dass …*

- Wird ein reflexives Verb unpersönlich gebraucht, so benötigen wir die Konstruktion **uno se**:

  Uno se preocupa. *Man macht sich Gedanken.*

5. Das Possessivpronomen

Bei den Possessivpronomen oder auch besitzanzeigenden Pronomen gibt es im Spanischen grundsätzlich zwei Varianten: Die unbetonte Form, die vor dem Substantiv gebraucht wird, und die allein stehende, betonte Form. Aber Vorsicht: *betont* und *unbetont* bezieht sich hier auf die Betonung im Satz und nicht unbedingt darauf, dass Sie mit einer der zwei Alternativen dem Gesagten mehr Nachdruck verleihen.

Besitzer ist	unbetonte Form		betonte Form
yo	**mi** **mis**	padre/madre amigos/amigas	**mío, -a** **míos, -as**
tú	**tu** **tus**	novio/novia hermanos/hermanas	**tuyo, -a** **tuyos, -as**
él/ella/usted	**su** **sus**	gato/gata gatos/gatas	**suyo, -a** **suyos, -as**
nosotros, -as	**nuestro, -a** **nuestros, -as**	vecino/vecina vecinos/vecinas	**nuestro, -a** **nuestros, -as**
vosotros, -as	**vuestro, -a** **vuestros, -as**	hijo/hija hijos/hijas	**vuestro, -a** **vuestros, -as**
ellos/ellas/ ustedes	**su** **sus**	coche/bicicleta coches/bicicletas	**suyo, -a** **suyos, -as**

An der Form erkennt man schnell, wer als Besitzer angesprochen wird. Die Endung dagegen richtet sich nach dem bezeichneten Objekt.

Die unbetonte Form des Possessivpronomens steht immer vor einem Substantiv.

Die betonte Form des Possessivpronomens steht

- nach einem Substantiv,

Son unos amigos nuestros.	*Sie sind Freunde von uns.*
Tengo unos compactos tuyos.	*Ich habe ein paar CDs von dir.*

- nach dem Verb **ser** im Sinne von *gehören*,

¿De quién es esto? –	*Wem gehört das? –*
Es nuestro.	*Es gehört uns.*
¿Es tuyo este perro? –	*Gehört dir dieser Hund? –*
No, no es mío, es suyo.	*Nein, er gehört nicht mir, er gehört ihm/ihr/Ihnen.*

- nach dem Artikel, wenn das Substantiv nicht wiederholt werden soll.

¿Cuál es tu bolígrafo? –	*Welcher ist dein Kuli? –*
El mío es el negro.	*Meiner ist der Schwarze.*
Necesitamos una radio nueva.	*Wir brauchen ein neues Radio.*
– La nuestra aún funciona.	*– Unseres geht noch.*

Für die dritte Person gibt es nur das Possessivpronomen **su** im Singular und **sus** im Plural.

Juan vive con sus padres.	*Juan wohnt bei seinen Eltern.*
Lola habla con su novio.	*Lola spricht mit ihrem Freund.*
¿Me dice usted su nombre?	*Sagen Sie mir Ihren Namen?*

Bei Körperteilen, Kleidungsstücken und Dingen, die man trägt, steht der bestimmte Artikel.

Llevo la alianza en la mano izquierda.	*Ich trage meinen Ehering an meiner linken Hand.*
Pedrito, te pusiste las botas al revés.	*Pedrito, du hast dir deine Stiefel falsch herum angezogen.*
Me pica la nariz.	*Meine Nase juckt.*
Hoy me escuecen mucho los ojos.	*Heute brennen meine Augen fürchterlich.*

6. Das Relativpronomen

Auch als Anfänger möchte man folgende Ausdrucksweise sicherlich vermeiden:

Tengo un vecino.	*Ich habe einen Nachbarn.*
Es muy amable.	*Er ist sehr nett.*
Tiene dos hijos.	*Er hat zwei Kinder.*
Con los hijos voy a veces al cine.	*Mit den Kindern gehe ich ab und zu ins Kino.*

Die Relativpronomen sorgen dafür, dass das schon Gesagte nicht immer wiederholt werden muss. Im Spanischen ist dies eine recht einfache Sache.

Tengo un vecino que es muy simpático y que tiene dos hjos con los que a veces voy al cine.	*Ich habe einen Nachbarn, der sehr nett ist und zwei Kinder hat, mit denen ich ab und zu ins Kino gehe.*

Que ist das am häufigsten verwendete Relativpronomen. Es ist unveränderlich und bezieht sich sowohl auf Sachen als auch auf Personen und kann als Subjekt

El amigo que me llamó ayer vive en Quito.	*Der Freund, der mich gestern angerufen hat, lebt in Quito.*

oder direktes Objekt verwendet werden.

¿Tienes los documentos que necesitas?	*Hast du die Unterlagen, die du brauchst?*

Que kann in Verbindung mit einer Präposition und mit oder ohne Artikel stehen, wobei der Artikel sich in Geschlecht und Zahl nach dem Bezugswort richtet.

El ordenador con (el) que trabajo.	*Der PC, mit dem ich arbeite.*
Los amigos de (los) que te he hablado.	*Die Freunde, von denen ich dir erzählt habe.*

El que, la que, los que, las que werden im Sinne von *der(jenige), der/ die(jenige), die/das(jenige), das/die(jenigen), die* verwendet.

Fermín es el que canta tan alto.	*Fermín ist der(jenige), der so laut singt.*
Los que viven aquí tienen dinero.	*Die(jenigen), die hier wohnen, haben Geld.*

Lo que hat die Bedeutung von *was.*

Todo lo que dices lo sabía ya.	*Alles, was du sagst, wusste ich schon.*
Pueden preguntar lo que no sepan.	*Sie können fragen, was Sie nicht wissen.*

Die Relativpronomen **el/la cual, los/las cuales** können sich auf Sachen oder Personen beziehen und gehören der gehobeneren Sprache an.

La obra con la cual alcanzó la fama.	*Das Werk, mit welchem er/sie berühmt wurde.*

Das Relativpronomen **quien(es)** steht für Personen (meist in Verbindung mit einer Präposition).

El amigo con quien viajo.	*Der Freund, mit dem ich reise.*

Das Relativpronomen **donde** bezieht sich auf den Ort, **cuando** auf die Zeit.

La casa donde/en (la) que/en la cual vivo.	*Das Haus, wo/in dem ich wohne.*
Los años cuando/en que iba a la escuela.	*Die Jahre, als/in denen ich zur Schule ging.*

Die Formen **cuyo, cuya, cuyos, cuyas** drücken Besitz aus und richten sich im Gegensatz zum Deutschen in Geschlecht und Zahl nicht nach dem vorangehenden, sondern nach dem darauf folgenden Substantiv.

La escritora cuyo libro apareció ayer.	*Die Schriftstellerin, deren Buch gestern erschienen ist.*
El profesor cuyas clases son tan famosas.	*Der Lehrer, dessen Unterrichtsstunden so bekannt sind.*

LEICHT GEMERKT

Das Relativpronomen **que**

- ist unveränderlich und bezieht sich sowohl auf Sachen als auch auf Personen.
- es kann als Subjekt oder Objekt verwendet werden.
- es kann in Verbindung mit einer Präposition und sowohl mit als auch ohne Artikel stehen.

El que, la que, los que, las que werden im Sinne von *der(jenige), der/die(jenige), die/das(jenige), das/die(jenigen), die* verwendet.

Weitere Relativpronomen sind:

El/la cual, los/las cuales	bezieht sich auf Sachen oder Personen.
Quien(es)	steht für Personen (meist in Verbindung mit einer Präposition).
Donde	bezieht sich auf den Ort.
Cuando	bezieht sich auf die Zeit.
Cuyo, cuya, cuyos, cuyas	richtet sich in Geschlecht und Zahl nach dem darauf folgenden Substantiv.

7. Das Indefinitpronomen

Mit den Indefinitpronomen bezeichnen Sie häufig etwas Unbestimmtes, eine unbestimmte Person oder Sache. Die folgenden Erläuterungen konzentrieren sich auf die Unterschiede in Form und Gebrauch zum Deutschen, da es ansonsten in der Regel kaum zu Schwierigkeiten im Umgang mit diesen Pronomen kommt.

algo	**¿Necesita usted algo?**	*Brauchen Sie etwas?*
alguien	**¿Ha venido alguien?**	*Ist jemand gekommen?*
nada	**No, gracias, nada.**	*Nein, danke; nichts.*
nadie	**No, nadie.**	*Nein, niemand.*
alguno, -a	**¿Alguno de vosotros sabe la hora?**	*Weiß (irgend)einer von euch, wie viel Uhr es ist?*
algunos, -as	**Si necesitas sellos, aquí hay algunos.**	*Wenn du Briefmarken brauchst, hier sind welche.*
algún	**¿Conoces algún hotel por aquí?**	*Kennst du (irgend)ein Hotel in der Nähe?*
ninguno, -a	**Ninguno tiene reloj.**	*Keiner hat eine Uhr.*
ningún	**Ningún compañero lo ha visto.**	*Kein Kollege hat ihn gesehen.*
todo	**¿Has terminado todo?**	*Hast du alles fertig gemacht?*
todo, -a	**Tengo que limpiar toda la casa.**	*Ich muss das ganze Haus putzen.*

todos, -as	**Mi abuela me llama todos los días.**	*Meine Oma ruft mich jeden Tag an.*
mucho	**Aquí no se gana mucho.**	*Hier verdient man nicht viel.*
mucho, -a	**Tú comes mucha fruta.**	*Du isst viel Obst.*
muchos, -as	**Hemos visto muchas cosas.**	*Wir haben viel gesehen.*
poco	**Nos conocemos muy poco.**	*Wir kennen uns kaum.*
poco, -a	**Tienes poca paciencia.**	*Du hast wenig Geduld.*
pocos, -as	**Ahora hay pocas oportunidades.**	*Jetzt gibt es wenige Gelegenheiten.*
tanto	**No debes beber tanto.**	*Du sollst nicht so viel trinken.*
tanto, -a	**¿Por qué ves tanta tele?**	*Warum siehst du so viel fern?*
tantos, -as	**¡Aquí hay tantos peces!**	*Hier gibt es so viele Fische!*
bastante	**No tengo bastante para pagar.**	*Ich habe nicht genug zum Zahlen.*
bastantes	**Quedan bastantes horas.**	*Wir haben noch genügend Zeit bis dahin.*
demasiado	**Creo que como demasiado.**	*Ich glaube, ich esse zu viel.*
demasiado, -a	**Hemos puesto demasiada sal.**	*Wir haben zu viel Salz hineingetan.*
varios, -as	**Comentamos varios puntos.**	*Wir kommentierten mehrere Punkte.*
cierto, -a	**He visto a cierta persona.**	*Ich habe eine gewisse Person gesehen.*
otro, -a	**Prefiero otro color.**	*Mir ist eine andere Farbe lieber.*
cualquier	**Diles cualquier cosa.**	*Sag ihnen irgendetwas.*
cualquiera	**Eso no lo hace cualquiera.**	*Das tut nicht jeder.*
semejante	**Semejante pregunta era esperable.**	*Eine solche Frage war zu erwarten.*
cada	**Cada día hace más calor.**	*Es wird jeden Tag wärmer.*

Mengenangaben wie **mucho, poco, tanto, demasiado** sind veränderlich, sobald sie sich auf ein Substantiv beziehen.

No quiero mucho.	*Ich will nicht viel.*
aber	
No quiero mucha (leche).	*Ich will nicht viel (Milch).*

Alguno wird vor Substantiven zu **algún**, **ninguno** zu **ningún**. Dies gilt jedoch nur für die männliche, nicht für die weibliche Form oder den Plural.

¿Nos queda algún sello?	*Haben wir eine Briefmarke übrig?*
aber	
Aquí debe de haber alguno.	*Hier wird noch eine sein.*
No tengo ningún problema.	*Ich habe kein Problem.*
aber	
Yo tampoco tengo ninguno.	*Ich habe auch keines.*

Im Gegensatz zu **muy**, das immer nur zusammen mit einem Adjektiv oder Adverb vorkommt, kann **mucho** allein hinter dem Verb stehen. (▸ „mucho und muy").

LEICHT GEMERKT

Merksatz:
Muy mit Adjektiv und Adverb,
mucho mit Substantiv aber alleine hinter dem Verb.

Marisa escribe mucho.	*Marisa schreibt viel.*
Te quiero mucho.	*Ich liebe dich sehr.*
Me gusta mucho.	*Er/Sie/Es gefällt mir sehr.*

LEICHT GEMERKT

Otro, -a wird nie zusammen mit dem unbestimmten Artikel **un, una** gebraucht.

Hemos recibido otra carta.	*Wir haben noch einen Brief erhalten.*
Prefiero otro color.	*Ich hätte lieber eine andere Farbe.*
aber	
El otro me gusta más.	*Der andere gefällt mir besser.*

Im Gegensatz zum Deutschen wird das verneinende Wort **ninguno** fast nie im Plural verwendet.

Siempre vienen muchos turistas, pero este año no hemos visto ninguno.	*Es kommen immer viele Touristen, aber dieses Jahr haben wir keine gesehen.*
aber	
No se ha comprado ningunos prismáticos.	*Er hat sich kein Fernglas gekauft.*
Ningunas tijeras cortan tan bien como las mías.	*Keine Schere schneidet so gut wie meine.*

LEICHT GEMERKT

Mucho, poco, tanto, demasiado	sind veränderlich, sobald sie sich auf ein Substantiv beziehen.
Mucho	kann alleine hinter dem Verb stehen.
Alguno und ninguno	werden vor dem männlichen Substantiv zu **algún** und **ningún** verkürzt.
Ningunos, ningunas	stehen nur vor Substantiven, die normalerweise in der Pluralform gebraucht werden (pantalones, prismáticos, tijeras, gafas).
Otro, otra	steht nie mit dem unbestimmten Artikel.

10

DIE PRÄPOSITION

Präpositionen, auch Verhältniswörter genannt, drücken einen örtlichen, zeitlichen oder modalen Bezug (Art und Weise) zwischen Dingen und Personen aus. Der Form nach unterscheidet man zwischen einfachen Präpositionen, die aus nur einem Wort bestehen und präpositionalen Ausdrücken, die sich aus mehreren Wörtern zusammensetzen.

1. Die wichtigsten einfachen Präpositionen

a

Richtung	
Vamos a la montaña/al campo. **Voy a casa de Alberto.**	*Wir fahren in die Berge/aufs Land.* *Ich gehe zu Alberto.*
mit Uhrzeiten	
a las doce menos cuarto **a las cinco en punto**	*um Viertel vor zwölf* *genau um fünf Uhr*
bei folgenden Beförderungsmöglichkeiten	
a pie **a caballo**	*zu Fuß* *zu Pferd*
zu bestimmten Zeitpunkten	
a mediodía/medianoche **a la mañana/la tarde/la noche**	*mittags/um Mitternacht* *morgens/abends/nachts*
Entfernungen	
León está a 300 Km. de Madrid.	*León liegt 300 km weit von Madrid entfernt.*
Himmelsrichtungen	
Jaén está al norte de Granada, Motril, al sur.	*Jaén liegt nördlich von Granada, Motril südlich.*
mit Infinitiv	
Voy a estudiar Medicina. **Al verlos me alegré mucho.**	*Ich werde Medizin studieren.* *Ich freute mich sehr, als ich sie sah.*

mit einem indirekten Objekt (~ Dativ)	
A nosotros nos gusta la playa. **A tu hermano no le va bien.**	*Uns gefällt es gut am Strand.* *Deinem Bruder geht es nicht gut.*
wenn das direkte Objekt (~ Akkusativ) bestimmte Personen oder Lebewesen bezeichnet	
Recojo a Pilar. **¿Entiendes al profesor?** aber **Tengo muchos amigos.** **Necesitamos un médico.**	*Ich hole Pilar ab.* *Verstehst du den Lehrer?* *Ich habe viele Freunde.* *Wir brauchen einen Arzt.*

de

Herkunft	
Soy de Valencia. **Caviar del Irán**	*Ich komme/bin aus Valencia.* *Kaviar aus dem Iran*
Ursache oder nähere Bestimmung	
Tiemblan de miedo. **Me muero de hambre.**	*Sie zittern vor Angst.* *Ich sterbe vor Hunger.*
Besitz	
Las gafas son de José. **La habitación de mis padres**	*Die Brille gehört José.* *das Zimmer meiner Eltern*
nach Menge, Maß oder Anzahl	
dos kilos de manzanas **un litro de leche** **un poco de español**	*zwei Kilo Äpfel* *ein Liter Milch* *ein bisschen Spanisch*
Stoff	
un mueble de madera **El jarrón es de cristal.**	*ein hölzernes Möbel* *Die Vase ist aus Glas.*
Augenblicklicher Ausgangspunkt	
Llego del trabajo. **Venimos de casa de Wolfgang.**	*Ich komme von der Arbeit.* *Wir kommen von Wolfgang.*
für Zusammensetzungen im Deutschen	
un collar de perlas **el cuarto de trabajo** **un bolso de mano**	*eine Perlenkette* *das Arbeitszimmer* *eine Handtasche*

Tageszeiten mit Uhrzeit	
las once de la noche **las tres de la tarde**	*elf Uhr abends* *drei Uhr nachmittags*
beim Datum	
el 12 de octubre de 1492	*am 12. Oktober 1492*
in folgenden Zeitangaben	
de día/de noche **(muy) de mañana**	*tagsüber/nachtsüber* *in aller Frühe*

LEICHT GEMERKT

Die Präpositionen **a** und **de** bilden eine Kontraktion (Verschmelzung) mit dem bestimmten männlichen Artikel im Singular.

a + el = al

Voy al cine. — *Ich gehe ins Kino.*
aber
Voy a la ópera. — *Ich gehe in die Oper.*

de + el = del

Vienen del trabajo. — *Sie kommen von der Arbeit.*
aber
Vienen de los grandes almacenes. — *Sie kommen vom Kaufhaus.*

en

wo: drinnen, drauf, dran	
en el cajón **en la mesa** **en la pared** **en el mundo**	*in der/die Schublade* *auf dem/den Tisch* *an der/die Wand* *auf der Welt*
bei jemandem zu Hause	
en casa de Astrid **en mi casa**	*bei Astrid (zu Hause)* *bei mir (zu Hause)*

bei einer Firma	
en Siemens	*bei Siemens*
mit Verkehrsmitteln	
en coche **en avión** **en bici**	*mit dem Auto* *mit dem Flugzeug* *mit dem Fahrrad*
mit Monaten, Feiertagen, Jahreszeiten und Jahren	
en enero **en Navidad** **en verano** **en 2015**	*im Januar* *an Weihnachten* *im Sommer* *2015*
mit Zeitraum	
en una semana	*innerhalb einer Woche*

LEICHT GEMERKT

Merksatz:
¿Cómo vamos a la playa?
¿En metro o a pie?

Wie gehen wir an den Strand?
Mit der U-Bahn oder zu Fuß?

por

Tageszeiten	
por la mañana **por la tarde** **por la noche**	*vormittags* *nachmittags* *abends*
Zeitraum	
Se va por un año a Salamanca.	*Er/Sie geht für ein Jahr nach Salamanca.*
vage Ortsangabe	
¿Hay una farmacia por aquí?	*Ist hier irgendwo eine Apotheke?*

entlang, hindurch, mitten durch	
Hemos ido por la calle central.	*Wir sind die Hauptstraße entlang gegangen.*
La carretera pasa por un túnel.	*Die Landstraße führt durch einen Tunnel.*
Primero se corta el melón por la mitad.	*Zuerst schneidet man die Melone in der Mitte durch.*
mittels, gegen, dank	
por teléfono, por avión	*telefonisch, per Flugzeug*
por dinero, por 3.000 pesos	*für/gegen Geld, für 3.000 Pesos*
Es posible por ellos.	*Es ist dank ihnen möglich.*
Grund, Beweggrund, Ursache	
Lo hemos hecho por ti.	*Wir haben es für dich getan.*
No iremos allí por las lluvias.	*Wegen des Regens gehen wir nicht dorthin.*
Ha ocurrido por vuestra culpa.	*Es ist euretwegen geschehen.*
beim Passiv	
Venezuela fue liberada por Bolívar.	*Venezuela wurde von Bolívar befreit.*
España fue conquistada por los árabes.	*Spanien wurde von den Arabern erobert.*

para

Termin, Frist	
para mañana	*bis morgen*
para esta tarde	*bis heute Nachmittag*
para el próximo lunes	*bis nächsten Montag*
Richtung, Ziel	
una carta para Berlín	*ein Brief nach Berlin*
el tren para Bogotá	*der Zug nach Bogotá*
betreffs, in Hinblick auf, nach ... Meinung	
muy alto para su edad	*sehr groß für sein/ihr Alter*
demasiado caro para nosotros	*zu teuer für uns*
Para mí no es interesante.	*Für mich ist es nicht interessant.*

Zweck, Absicht, Bestimmung	
un regalo para ti **He alquilado un coche para las vacaciones.** **Para no enfadarme, me marcho.** **Estudio español para chatear con mis amigos argentinos.**	*ein Geschenk für dich* *Ich habe ein Auto für den Urlaub gemietet.* *Um mich nicht zu ärgern, gehe ich (fort).* *Ich lerne Spanisch, um mit meinen argentinischen Freunden zu chatten.*
mit Uhrzeit in Lateinamerika	
Son las diez para las nueve.	*Es ist zehn Minuten vor neun.*

Weitere einfache Präpositionen, die Sie sich merken sollten:

ante	*vor* (örtlich) *im/in Hinblick auf* *angesichts*
abajo, bajo	*unter, unterhalb*
con	*mit*
contra	*gegen*
desde	*von ... aus, ab* (örtlich) *seit, von ..., ab ...* (zeitlich)
detrás	*hinten* (örtlich)
durante	*während*
entre	*zwischen*
excepto	*abgesehen von, außer*
hacia	*nach* (örtlich) *gegen, circa*
hasta	*bis* *sogar, inklusive*
mediante	*mittels, durch*

según	*gemäß, nach, laut*
sin	*ohne*
sobre	*auf* *über* *gegen* (zeitlich)
tras	*nach* (zeitlich)

Im Deutschen bestimmen die Präpositionen den Fall des Substantivs bzw. Pronomens, mit dem sie auftreten, d. h. der Lernende der deutschen Sprache muss sich stets merken ob eine bestimmte Präposition den Dativ oder den Akkusativ nach sich zieht. Diese Unterscheidung entfällt im Spanischen.

Llamo a mis amigos. *Ich rufe meine Freunde an.*
Hablo con mis amigos. *Ich spreche mit meinen Freunden.*
Pongo el cuaderno sobre la mesa. *Ich lege das Heft auf den Tisch.*
El cuaderno está sobre la mesa. *Das Heft liegt auf dem Tisch.*

Präpositionale Ausdrücke

Im Folgenden bieten wir Ihnen einen Überblick über die wichtigsten präpositionalen Ausdrücke an. In den Fällen, in denen Sie neben dem präpositionalen Ausdruck auch eine einfache Präposition verwenden können, wird diese angegeben.

Präpositionaler Ausdruck	einfache Präposition	
a causa de	**por**	*wegen, aufgrund*
a excepción de		*abgesehen von*
a la derecha de		*rechts von*
a la izquierda de		*links von*
a pesar de		*trotz*
a través de	**por** **mediante**	*durch* *mittels*
acerca de	**sobre**	*über*
además de		*neben, zusätzlich zu*

al cabo de	**tras**	*nach* (zeitlich)
al lado de		*neben, in der Nähe von*
alrededor de		*um ... herum*
antes de		*vor* (zeitlich)
cerca de		*in der Nähe von, nahe bei*
conforme a	**según**	*nach, gemäß, laut*
de acuerdo con	**según**	*nach, gemäß, laut*
de cara a	**ante**	*im/in Hinblick auf, angesichts*
debajo de	**bajo**	*unter*
debido a	**por**	*aufgrund, wegen*
delante de	**ante**	*vor* (örtlich)
dentro de	**en**	*in, innerhalb* (örtlich) *in* (zeitlich)
después de	**tras**	*nach* (zeitlich)
detrás de	**tras**	*hinter*
en cuanto a		*in Bezug auf, bezüglich*
en dirección a	**hacia**	*in Richtung ..., nach*
en lugar de	**en vez de**	*statt, anstelle*
en medio de		*mitten in*
en torno a		*um ... herum*
en vez de		*statt, anstelle*
encima de	**sobre, en**	*auf*
enfrente de		*gegenüber von*
frente a		*gegenüber* (örtlich) *angesichts*
fuera de	 **excepto**	*außerhalb von,* *außen von* (örtlich) *außer, abgesehen von*
gracias a		*dank*

junto a	**con**	*neben* *samt, neben*
lejos de		*weit weg von*
pese a		*trotz*
respecto a		*in Bezug auf, bezüglich*

LEICHT GEMERKT

Präpositionen und präpositionale Ausdrücke prägen sich nur durch ständiges Üben ein.

- Führen Sie immer wieder Selbstgespräche und kommentieren Sie Ihr tägliches Tun:

  Son las 7 de **la mañana. Me levanto** de **la cama.** Para **despertarme me ducho** con **agua fría. Voy** a **la cocina. Saco los platos** del **armario y los pongo** en **la mesa. Llamo** a **la familia.** Al cabo de **un rato llegan.** A pesar del **cansancio cuentan cosas. Uno** tras **otro se marcha.**

- Kommentieren Sie das, was sie gerade sehen. Egal ob an der Haltestelle, im Büro, auf dem Markt oder auch auf der Abbildung in einer Zeitschrift:

  Detrás de **mí hay un cartel publicitario muy grande. Mi colega está buscando el bolígrafo** debajo del **escritorio pero está** al lado del **ordenador.** En **este puesto los huevos están** a la derecha de **los pollos.** En **la foto están los Reyes** de **España y** alrededor de **ellos sus hijos y nietos.**

- Machen Sie sich kleine Zeichnungen, die die Präposition darstellen: z.B. eine Wolke und eine Sonne, wobei die Sonne einmal hinter der Wolke, vor der Wolke, neben der Wolke, etc. zu sehen ist. Beschriften Sie Ihre Zeichnungen.

- Nehmen Sie einen schon bekannten Text und gehen Sie ihn nur im Hinblick auf die Präpositionen noch einmal durch.

Merksatz:
Mi colega está buscando el bolígrafo debajo del **escritorio pero está** al lado del **ordenador.**
Meine Kollege sucht den Kugelschreiber unter dem Schreibtisch, aber er liegt neben dem Computer.

2. Präpositionen, die vom Verb abhängen

Wie im Deutschen gibt es auch im Spanischen Verben, die eine oder mehrere Präpositionen fordern. Hier hilft ein Vergleich zwischen beiden Sprachen leider wenig, da die Festlegung der richtigen Präpositionen rein sprachspezifischer Natur ist. Kein Wunder, dass ausgerechnet hier die meisten Fehler auftreten. Aus diesem Grund finden Sie im Folgenden eine Zusammenfassung der häufigsten Konstruktionen unter besonderer Berücksichtigung der *falschen Freunde*:

acordarse de	*sich erinnern an*
acostumbrarse a	*sich gewöhnen an*
alegrarse de/por	*sich freuen über/für*
asistir a	*besuchen, beiwohnen*
asomarse a	*sich zeigen, blicken lassen*
bajar de	*aussteigen aus, absteigen von, hinuntergehen von, heruntergehen von*
cambiar de/por	*wechseln gegen, tauschen gegen*
carecer de	*nicht haben, Mangel haben an*
casarse con	*heiraten*
confiar en	*vertrauen auf*
constar de	*bestehen aus*
consistir en	*bestehen in*
contestar a	*antworten auf, Antwort geben auf*
contribuir a	*beitragen zu*
convencer de	*überzeugen von*
cuidar de	*pflegen*
deberse a	*liegen an, beruhen auf*
dedicarse a	*sich beschäftigen mit*
decidirse a/por	*sich entscheiden zu/für*
enfadarse con/por	*sich ärgern über/wegen*
entrar en	*(herein-, hinein)kommen in*

enviar a/por	*schicken an/per, mit*
escapar(se) de	*entkommen*
fiarse de	*sich verlassen auf*
hablar de/sobre	*sprechen über*
influir en	*beeinflussen*
invitar a	*einladen zu*
ir en	*fahren mit*
jugar a	*spielen*
llegar a	*ankommen in*
meter en	*hineinlegen in, stecken in, stellen in*
ocuparse de	*sich kümmern um, sich beschäftigen mit*
oler a	*riechen nach*
pasar por	*vorbeikommen bei, fahren über*
pensar en	*denken an*
poner en	*setzen auf, in/legen auf, in/stellen auf, in*
preguntar a/por	*fragen, fragen nach*
reflexionar sobre	*nachdenken über*
responder a	*antworten, eine Antwort geben auf*
saber a	*schmecken nach*
sacar de	*herausziehen aus*
salir de/con	*herausgehen aus, hinausgehen aus/ausgehen mit*
servir de/para	*dienen als/zu*
soñar con	*träumen von*
subir a	*einsteigen in/hinaufgehen in, zu/heraufgehen in, zu*
tener ganas de	*Lust haben zu, auf*
tener miedo de	*Angst haben vor*
tratar de	*versuchen zu, handeln von*
tratarse de	*sich handeln um, gehen um*
volver a	*zurückgehen nach, in/fahren nach, in*

3. Präpositionen mit dem Infinitiv

Besondere Bedeutung aufgrund ihrer Häufigkeit haben die Verbindungen mit einem Infinitiv. Achten Sie auf die Übertragung ins Deutsche:

al	**Al abrir** la puerta no vi nada.	*Als ich die Tür aufmachte, konnte ich nichts sehen.*
	Al levantarme me mareo.	*Beim Aufstehen wird mir schwindlig.*
antes de	Una pastilla **antes de comer**.	*Eine Tablette vor dem Essen.*
	Antes de salir cierra la ventana.	*Bevor du gehst mach das Fenster zu.*
después de	Quedamos **después de trabajar**.	*Wir treffen uns nach der Arbeit.*
	Después de despedirse se fue.	*Nachdem er/sie sich verabschiedet hatte, ging er/sie.*
de (no)	**De (no) poder** venir, avísanos.	*Wenn du (nicht) kommen kannst, sag uns Bescheid.*
hasta	Estuvimos allí **hasta tener** noticias.	*Wir waren dort, bis uns die Nachricht erreichte.*
para	Vengo **para hablar** con ustedes.	*Ich komme, um mit Ihnen zu sprechen.*
por	**Por no venir** no has conocido a mis padres.	*Weil du nicht gekommen bist, hast du meine Eltern nicht kennen gelernt.*
sin	Te marchaste **sin decir** nada.	*Du bist weggegangen, ohne etwas zu sagen.*
con pese a a pesar de	**Con/Pese a/A pesar de** no tener tiempo, nos visitaron.	*Obwohl sie keine Zeit hatten, besuchten sie uns.*

11 KONJUNKTIONEN UND NEBENSÄTZE

Mit Konjunktionen, auch Bindewörter genannt, werden Satzteile oder auch ganze Sätze miteinander verbunden. Während man beim Erlernen einer Sprache zu Beginn einfache, kurze Sätze bildet wie:

Antonio viene. *Antonio kommt.*
Entonces comemos deprisa. *Dann essen wir schnell.*
Tiene que volver al trabajo. *Er muss zurück zur Arbeit.*

könnte dieselbe Aussage im fortgeschrittenen Lernstadium und dank der Kenntnisse der Konjunktionen lauten:

Comemos en cuanto viene Antonio porque tiene que volver al trabajo. *Wir essen sobald Antonio kommt, weil er zurück zur Arbeit muss.*

Man unterscheidet zwischen nebenordnenden und unterordnenden Konjunktionen. Die nebenordnenden Konjunktionen verbinden gleichrangige Sätze miteinander, also Hauptsätze.

Guillermo es de España. Adriana es de Ecuador. *Guillermo kommt aus Spanien. Adriana kommt aus Ecuador.*

Die untergeordneten Konjuntionen verbinden Sätze miteinander, von denen der eine dem anderen untergeordnet ist, also Haupt- mit Nebensatz.

Guillermo es de España y Adriana es de Ecuador. *Guillermo kommt aus Spanien und Adriana kommt aus Ecuador.*

1. Nebenordnende Konjunktionen

y, e	*und*	**Olga me llama y me escribe, e incluso me visita.**	*Olga ruft an und schreibt, und sie besucht mich sogar.*
o, u	*oder*	**Por las tardes trabajo o estudio, u ordeno la casa.**	*Nachmittags arbeite oder studiere ich, oder ich räume zu Hause auf.*
ni... ni...	*weder ... noch ...*	**Ni me enfada ni me molesta.**	*Weder ärgert es mich noch stört es mich.*

o… o…	*entweder … oder …*	**O vienes o te quedas.**	*Entweder du kommst oder du bleibst.*
mas	*(je)doch*	**Nos miró, mas no dijo nada.**	*Er/Sie sah uns an, sagte jedoch nichts.*
aunque	*obwohl*	**Vivimos aquí aunque somos del Perú.**	*Wir wohnen hier, obwohl wir aus Peru kommen.*
pero	*aber*	**Nos levantamos pronto pero nos acostamos tarde.**	*Wir stehen früh auf aber gehen spät ins Bett.*
sino	*sondern*	**No sólo no me ayudas sino que me das problemas.**	*Nicht nur, dass du mir nicht hilfst, du bereitest mir auch noch Schwierigkeiten.*
pues	*denn*	**No recibí el paquete, pues estaba de viaje.**	*Ich bekam das Päckchen nicht, denn ich war verreist.*
ya… ya…	*mal … mal …*	**Ya llueve, ya hace viento, pero el verano no llega.**	*Mal regnet es, mal ist es windig, aber der Sommer kommt nicht.*

2. Unterordnende Konjunktionen

Unterordnende Konjunktionen leiten Nebensätze ein. Entsprechend der Beziehung, die eine Konjunktion zwischen einem Haupt- und Nebensatz herstellt, unterscheidet man verschiedene Bedeutungsgruppen, nach denen die Konjunktionen eingeteilt werden.
Es ist wichtig zu beachten, dass es Konjunktionen gibt, die den Subjuntivo nach sich ziehen. Im Folgenden finden Sie eine Zusammenfassung der wichtigsten Konjunktionen und deren Gebrauch.

Temporalsätze (Zeit)	werden mit Subjuntivo benutzt	
cuando siempre que	*wenn; als* *immer wenn; sooft*	wenn auf die Zukunft bezogen wenn auf die Zukunft bezogen
cada vez que	*sooft; jedesmal, wenn*	wenn auf die Zukunft bezogen

hasta que desde que una vez que mientras antes que después que en cuanto tan pronto como	*bis* *seit(dem)* *nachdem; sobald* *während; solange* *bevor* *nachdem* *sobald* *sobald*	wenn auf die Zukunft bezogen nie wenn auf die Zukunft bezogen im Sinne von *solange* wenn auf die Zukunft bezogen wenn auf die Zukunft bezogen wenn auf die Zukunft bezogen wenn auf die Zukunft bezogen
Kausalsätze (Grund)		
porque ya que puesto que dado que como	*weil* *da* *da* *da* *da*	bei vermutlichem Grund nie nie bei vermutlichem Grund bei vermutlichem Grund
Finalsätze (Zweck)		
para que a fin de que	*damit* *damit*	immer immer
Modalsätze (Art und Weise)		
como como si tal como igual que lo mismo que mientras que sin que cuanto más… más…	*wie; als* *als ob* *so wie* *genauso wie* *genauso wie* *während* *ohne dass* *je mehr …* *desto mehr …*	bei vermutlicher Art immer mit Subjuntivo der Vergangenheit bei vermutlicher Art bei vermutlicher Art bei vermutlicher Art bei vermutlicher Art immer bei vermutlicher Art
Konsekutivsätze (Folge) werden mit Subjuntivo benutzt		
así que de modo/manera que	*also; so dass* *so dass*	im Sinne von *mit der Absicht,* *dass* im Sinne von *mit der Absicht,* *dass*
Konzessivsätze (einräumend)		
aunque aun cuando	*auch wenn* *auch wenn*	immer immer

Konditionalsätze (Bedingung)		
a condición de que	*vorausgesetzt, dass*	immer
a no ser que	*es sei denn, dass*	immer
si	*wenn*	(▸ „Si“)

Einen besonderen Fall stellen die Konjunktionen **que** und **si** dar. Sie kommen häufig vor und weisen verschiedene Gebrauchsmöglichkeiten auf, so dass sie im Folgenden ausführlicher behandelt werden.

Que

Das spanische **que** steht

- grundsätzlich in allen Fällen, wo im Deutschen *dass* benutzt wird,
- in Sätzen, in denen das Deutsche kein *dass* benötigt,

Dijo que sí/que no.	*Er/Sie sagte ja/nein.*
Creo/Pienso que no.	*Ich glaube/denke nicht.*

- bei indirekten Befehlen, wobei es hier des Subjuntivos bedarf,

Que vengan aquí.	*Sie sollen hierher kommen.*
Que te lo dé.	*Er/Sie soll es dir geben.*

- in der Umgangsprache im Sinne von *denn, weil.*

Acércame la sal, que no llego.	*Reich mir bitte das Salz, denn ich komme nicht dran.*

! Verwechseln Sie die Konjunktion **que** (*dass*) nicht mit dem Relativpronomen **que** (*der, die, das*) oder dem Fragepronomen **qué** (*was*). Letzteres trägt einen Akzent.

Si

Die Konjunktion **si** leitet einen Konditionalsatz ein. Dabei gibt es folgende Arten von Bedingungen, die es zu unterscheiden gilt:

- Immer geltende, wahrscheinliche oder zumindest mögliche Bedingungen,

Si no llueve en primavera, la cosecha es mala.	*Wenn es im Frühling nicht regnet, ist die Ernte schlecht.*
Si no encuentro trabajo seguiré estudiando.	*Wenn ich keine Arbeit finde, werde ich weiter studieren.*
Si no dejas de fumar vas a tener problemas.	*Wenn du nicht aufhörst zu rauchen, wirst du Schwierigkeiten bekommen.*
Si tienes tiempo, ven con nosotros.	*Wenn du Zeit hast, komm mit uns.*

- unwahrscheinliche, jedoch (zumindest theoretisch) mögliche Bedingungen (hier bedarf es des Subjuntivo im **si**-Satz),

Si pudiera/pudiese, te ayudaría.	*Wenn ich könnte, würde ich dir helfen.*
Si conociera/conociese mejor a Luis hablaría con él.	*Wenn ich Luis besser kennen würde, würde ich mit ihm sprechen.*
Si tuviéramos/tuviésemos alas, podríamos volar.	*Wenn wir Flügel hätten, könnten wir fliegen.*

- unmögliche, weil auf die Vergangenheit bezogene Bedingungen (hier bedarf es des Subjuntivo Plusquamperfekt im **si**-Satz).

Si hubiera/hubiese podido, te habría/hubiera/hubiese ayudado.	*Wenn ich gekonnt hätte, hätte ich dir geholfen.*
Si hubiera/hubiese conocido mejor a Luis habría/hubiera/hubiese hablado con él.	*Wenn ich Luis besser gekannt hätte, hätte ich mit ihm gesprochen.*

Beachten Sie, dass in den Beispielsätzen unter Punkt 3 sowohl Konditional als auch Subjuntivo Plusquamperfekt im Hauptsatz stehen können, in den Beispielsätzen unter Punkt 2 jedoch nicht.

DIE INDIREKTE REDE

Die indirekte Rede wird immer mit einem Verb des Sagens eingeleitet. Hier finden Sie eine Auswahl der am häufigsten verwendeten Verben dieser Art:

afirmar	*behaupten*	**opinar**	*meinen, äußern*
aludir	*erwähnen*	**pedir**	*bitten, verlangen*
comentar	*kommentieren*	**preguntar**	*fragen*
contestar	*(be)antworten*	**prohibir**	*verbieten*
decir	*sagen*	**recordar**	*sich erinnern*
exigir	*auffordern*	**repetir**	*wiederholen*
insistir (en)	*bestehen (auf)*	**reponer**	*erwidern*
lamentar	*bedauern*	**responder**	*antworten*
mandar, ordenar	*befehlen*	**rogar**	*bitten, anflehen*

Das Erzählte wird anhand der Konjunktionen **que** (*dass*) und **si** (*ob*) eingeführt, wenn es sich um eine Frage handelt.

Afirmaron que no nos conocían.	*Sie behaupteten, uns nichtzu kennen.*
Me preguntó si sabía algo.	*Er/Sie fragte, ob ich etwas wüsste.*

Das Verb des Sagens, das die indirekte Rede einleitet, hat einen entscheidenden Einfluss auf die verwendete Zeit im Nebensatz.

- Wenn das einleitende Verb des Sagens im Präsens, im Perfekt, im Futur I oder im Konditional steht, ändert sich die Zeit des Nebensatzes gegenüber der direkten Rede nicht. Die einzige Ausnahme bildet der Imperativ. Dieser wird zum Subjuntivo Präsens.

"Tengo hambre."	*„Ich habe Hunger."*
Dice que tiene hambre.	*Er/Sie sagt er/sie habe Hunger.*
"He tenido suerte."	*„Ich habe Glück gehabt."*
Dice que ha tenido suerte.	*Er/Sie sagt er/sie habe Glück gehabt.*
"Nos compraremos un piso en Menorca."	*„Wir werden uns auf Menorca eine Wohnung kaufen."*
Dicen que se comprarán un piso en Menorca.	*Sie sagen, sie werden sich auf Menorca eine Wohnung kaufen.*
aber	
"Abre la ventana."	*„Mach das Fenster auf."*
Dice que abra la ventana.	*Er/Sie sagt, ich soll das Fenster aufmachen.*

- Wenn das einleitende Verb des Sagens im Indefinido, Imperfekt oder Plusquamperfekt steht, bleiben im Nebensatz das Imperfekt, der Konditional und das Plusquamperfekt der direkten Rede erhalten. Die übrigen Zeiten erfahren folgende Veränderung:

Präsens	▸	Imperfekt
Futur	▸	Konditional
Perfekt	▸	Plusquamperfekt
Indefinido	▸	Indefinido/Plusquamperfekt
Imperativ	▸	Subjuntivo des Imperfekts
Subjuntivo des Präsens	▸	Subjuntivo des Imperfekts
Subjuntivo des Perfekts	▸	Subjuntivo des Plusquamperfekts

"Tengo hambre." — *„Ich habe Hunger."*
Dijo que tenía hambre. — *Er/Sie sagte, er/sie habe Hunger.*
"Vendré luego." — *„Ich werde nachher kommen."*
Dijo que vendría luego. — *Er/Sie sagte, er/sie werde nachher kommen.*

"Ha llovido." — *„Es hat geregnet."*
Dijo que había llovido. — *Er/Sie sagte, es habe geregnet.*
"Comí mucho." — *„Ich habe viel gegessen."*
Dijo que comió/había comido mucho. — *Er/Sie sagte, er/sie habe/hatte viel gegessen.*
"Venga aquí." — *„Kommen Sie her."*
Dijo que fuera allí. — *Er/Sie sagte, ich/er/sie solle hier sein.*

"No creo que pueda." — *„Ich glaube nicht, dass ich kann."*
Dijo que no creía que pudiera. — *Er/Sie sagte, er/sie glaube nicht, dass ich/er/sie könne.*

"El que lo haya hecho, que lo diga." — *„Wer es gemacht hat, soll es sagen."*
Dijo que el que lo hubiera hecho, que lo dijera. — *Er/Sie sagte, wer es gemacht hätte, solle es sagen.*

(!) Achten Sie darauf, dass verschiedene Bestandteile des Erzählten durch die indirekte Rede eine neue Perspektive erhalten. Das betrifft die genannten Personen, die Zeit- und Ortsangaben, die besitzanzeigenden Pronomen usw.

¿Podéis venir a mi casa mañana? — *Könnt ihr morgen zu mir kommen?*
Preguntó si podíamos ir a su casa al día siguiente. — *Er/Sie fragte, ob wir am folgenden Tag zu ihm/ihr gehen könnten.*

LEICHT GEMERKT

Bis die indirekte Rede richtig sitzt, heißt es üben, üben, üben.

- Schreiben Sie unter die jeweilige Veränderung noch einmal den Beispielsatz und markieren Sie die Verben mit einem Textmarker, damit Ihnen die jeweilige Veränderung „ins Auge springt".

Präsens		Imperfekt
"Tengo hambre."	▸	**Dijo que tenía hambre.**
Futur		Konditional
"Vendré luego."	▸	**Dijo que vendría luego.**
Perfekt		Plusquamperfekt
"Ha llovido."	▸	**Dijo que había llovido.**

usw.

- Sammeln Sie während Ihrer Lektüre von Zeitschriften, Zeitungen oder anderen Texten Sätze, die in der direkten Rede stehen. Auch wenn Sie einen Film oder eine spanischsprachige Fernsehsendung sehen, könnten Sie einige Sätze aus den Dialogen notieren. Wenn Sie Zeit und Lust haben, bilden Sie mit Hilfe des vorgegebenen Schemas die Sätze in der indirekten Rede.
- Aber auch Sätze in der indirekten Rede können Sie sammeln, um sie dann in die direkte Rede umzuschreiben.

13

LATEINAMERIKANISCHES SPANISCH

In dieser Grammatik wurden immer wieder die Unterschiede zu der spanischen Sprache, wie sie in Lateinamerika gesprochen wird, behandelt. Ausgangspunkt war dabei immer das Spanisch, wie es in Spanien gesprochen wird. Genau betrachtet ist dies ungerecht, gibt es doch über 400 Millionen Spanisch Sprechende in Lateinamerika gegenüber nur ca. 40 Millionen Einwohnern Spaniens.

Diese über 400 Millionen Spanisch Sprechende in Lateinamerika wehren sich dagegen, dass sie **español** sprechen, denn die Bezeichnung weist für sie zu deutlich auf die Zeiten der Eroberung und den Einfluss Spaniens auf ihren Kontinent hin. Sie nennen ihre Sprache **castellano,** der offizielle Begriff für das Spanische.

Natürlich können wir hier aus Platzgründen nicht auf alle Varianten der verschiedenen lateinamerikanischen Länder eingehen. Vielmehr werden kurz die markantesten Merkmale aufgezählt, die Ihnen einen ersten Zugang zu dem lateinamerikanischen Spanisch ermöglichen sollen.

- Die wichtigsten Unterschiede bezüglich der Aussprache sind:

  der **seseo,** wobei das **z** und das **c** vor **e** und **i** nicht wie das englische ‹th›, sondern wie ein stimmloses *s* ausgesprochen werden.

  j und **g** ähneln dem deutschen *h*

  der **yeísmo,** wobei **ll** und **y** in der Umgangssprache wie das spanische *y* ausgesprochen werden.

In Argentinien und Uruguay werden **ll** und **y** zudem als [ʏ] ausgesprochen.

- In Fällen, in denen man in Spanien die 2. Person Plural **(vosotros, -as)** benutzt, verwendet man in Lateinamerika die Form **ustedes**.

Nosotros pasaremos las vacaciones de verano en la montaña, y ustedes, ¿ya tienen planes?	*Wir werden die Sommerferien in den Bergen verbringen, und ihr, habt ihr schon was vor?*

- Sehr verbreitet ist der **voseo** in Argentinien, d. h. der Gebrauch von **vos** anstelle von **tú,** der auch mit eigenen Verbformen verbunden ist.

vos hablás	*du sprichst*
vos bebés	*du trinkst*
vos decís	*du sagst*
vos te levantás	*du stehst auf*

- Es werden häufig Verkleinerungsformen verwendet, ohne dass sich dabei die Bedeutung des Wortes ändert.

ahorita	*jetzt*
tempranito	*früh*
lueguito	*später, nachher*

- In Lateinamerika wird das Indefinido häufig anstelle des Perfekts verwendet und das Perfekt wiederum anstelle des Indefinido.

¿Ya oíste lo de antes?	*Hast du schon das von vorhin gehört?*
Hace unas semanas he regresado.	*Vor ein paar Wochen kam ich zurück.*

- In den Ländern Lateinamerikas gibt es eine große Anzahl von Wörtern, die in Spanien nicht bekannt sind und die selbst die Spanier lernen müssen, um in Lateinamerika keine Verständigungsschwierigkeiten zu haben. In einzelnen Fällen kommt es bei Wörtern gegenüber dem europäischen Spanisch auch zu Bedeutungsverschiebungen:

	Bedeutung in Lateinamerika	Bedeutung in Spanien
carro	*Auto*	*Karren*
plata	*Geld*	*Silber*
camión	*Bus*	*LKW*
tina	*Badewanne*	*Kübel*
luego	*jetzt*	*nachher*
pararse	*aufstehen*	*anhalten*

Diese Eigenarten sind die Folge unterschiedlicher Faktoren, wie der starke Einfluss von den z. T. noch lebendigen und viel gesprochenen Sprachen aus präkolumbianischer Zeit auf das Spanische, dem Aufeinandertreffen verschiedener europäischer Sprachen (Spanisch, Portugiesisch, Italienisch, Englisch, Französisch), dem Einfluss des US-Amerikanischen und nicht zuletzt einer eigenständigen, von der iberischen Halbinsel unabhängigen Entwicklung der Sprache.

14

TYPISCHE STOLPERSTEINE

Bei dem Erlernen einer Fremdsprache macht man leider immer wieder die Erfahrung: Manche Fehler wiederholen sich, egal, wie oft man die Regel dazu gehört hat. Warum das? Der häufigste Grund ist, dass sich die Fremdsprache in dem Punkt ganz anders verhält als die eigene Sprache und es somit schwer ist, eine uns fremde Struktur zu verinnerlichen. Um Ihnen den Weg ein wenig zu ebnen, haben wir in diesem Kapitel einige Stolpersteine ausführlicher behandelt. Viel Erfolg!

1. Ser und estar

Der Gebrauch dieser zwei Verben ist keine einfache Sache, jedoch bei weitem nicht so schwer wie oft angenommen. Im Spanischen gibt es tatsächlich für das deutsche *sein* zwei verschiedene Verben: **ser** und **estar**. Sie lassen sich jedoch klar voneinander abgrenzen.

Ser

- wird vor Substantiven gebraucht,

Mañana es domingo.	*Morgen ist Sonntag.*
Lima es la capital del Perú.	*Lima ist die Hauptstadt Perus.*
Pedro es un buen amigo.	*Pedro ist ein guter Freund.*
Es un hotel muy caro.	*Das ist ein sehr teures Hotel.*
Esta es mi hermana mayor.	*Das ist meine ältere Schwester.*

- wird verwendet für Personenangaben wie Identität, Herkunft, Beruf, Religion,

Soy Jorge Medina.	*Ich bin Jorge Medina.*
Son abogadas.	*Sie sind Anwältinnen.*
Somos católicos.	*Wir sind katholisch.*

- steht bei Zeitangaben,

¿Qué hora es? –	*Wie spät ist es? –*
Son las doce y media.	*Es ist halb eins.*
¿Qué día es hoy? –	*Was ist heute für ein Tag? –*
Hoy es miércoles.	*Heute ist Mittwoch.*
Hoy es el diecinueve de mayo.	*Heute ist der 19. Mai.*

- steht vor Zahlwörtern,

Somos cuatro hermanos.	*Wir sind vier Geschwister.*
Somos diez.	*Wir sind zu zehnt.*

- steht bei Angabe des Besitzes und - zusätzlich mit der Präposition **de** - bei Angabe des Materials,

¿Estos cuadernos son vuestros?	*Gehören euch diese Hefte?*
La puerta es de madera.	*Die Tür ist aus Holz.*

- dient als Hilfsverb zur Bildung des Passivs.

La zona fue evacuada por los bomberos.	*Die Gegend wurde von der Feuerwehr evakuiert.*

LEICHT GEMERKT

Ser wird immer gebraucht:

- vor Substantiven.
- für Personenangaben wie Identität, Herkunft, Beruf, Religion.
- bei Uhrzeit, Wochentag, Datum.
- vor Zahlwörtern.
- zur Angabe des Besitzes und des Materials (mit **de**).
- um das Passiv zu bilden.

Estar

- bedeutet *sich befinden, irgendwo sein, liegen, stehen,*

Miguel está en Berlín.	*Miguel ist in Berlin.*
Segovia está en España, al norte de Madrid.	*Segovia liegt in Spanien, nördlich von Madrid.*

- wird gebraucht, um über das Befinden einer Person zu sprechen.

¿Cómo está tu marido? - Gracias, está bastante bien.	*Wie geht es deinem Mann? - Danke, es geht ihm ganz gut.*

- steht beim Datum ausschließlich in folgenden festen Verbindungen:

¿A cuántos estamos? –	*Den Wievielten haben wir? –*
Estamos a nueve de noviembre.	*Wir haben den 9. November.*
¿A qué día estamos? –	*Was für einen Tag haben wir? –*
Estamos a jueves.	*Wir haben Donnerstag.*

- dient als Hilfsverb zur Bildung der Verlaufsform.

Estamos viendo la tele.	*Wir sehen gerade fern.*
Hemos estado comprando toda la mañana.	*Wir haben den ganzen Morgen mit Einkaufen verbracht.*
Dentro de una semana estaremos recorriendo Cuba.	*In einer Woche werden wir in Kuba unterwegs sein.*

LEICHT GEMERKT

Estar wird immer gebraucht:

- um zu äußern, wo sich etwas befindet, wo etwas ist, steht oder liegt.
- um das persönliche Befinden auszudrücken.
- als Hilfsverb zur Bildung der Verlaufsform.

In den obigen Anwendungsbeispielen folgt der Gebrauch von **ser** und **estar** festen Regeln. Etwas schwieriger wird es, wenn Sie sich im Zusammenhang mit Adjektiven und Partizipien zwischen **ser** und **estar** entscheiden müssen. Es kann hier zu feinen Bedeutungsunterschieden kommen, je nachdem welches Hilfsverb Sie einsetzen.

Bedeutungsvergleich von ser und estar vor Adjektiv oder Partizip

Ser benennt (wesentliche, dauerhafte, charakteristische) Eigenschaften, **estar** drückt hingegen einen Zustand aus (Gefühle, Befinden).

- Adjektive, die nur mit **ser** vorkommen, sind z. B.:

inteligente	*intelligent*
responsable	*verantwortungsvoll*
trabajador	*fleißig*
malvado	*boshaft*

- Adjektive, die nur mit **estar** vorkommen sind z. B.:

ocupado	*beschäftigt, besetzt*
preocupado	*besorgt*
contento	*zufrieden, froh*

Es gibt jedoch auch Adjektive, die je nach Verb eine (vollkommen) andere Bedeutung haben:

ser listo	*schlau sein*	**estar listo**	*fertig sein*
ser aburrido	*langweilig sein*	**estar aburrido**	*sich langweilen*
ser cansado	*anstrengend sein*	**estar cansado**	*müde sein*
ser libre	*frei, ungebunden sein*	**estar libre**	*frei, nicht besetzt sein*
ser abierto	*offen, aufgeschlossen sein*	**estar abierto**	*offen, auf sein*

Eine vierte Gruppe bilden die Adjektive, die mit **ser** eine Eigenschaft und mit **estar** einen Zustand ausdrücken:

ser sano	*gesund sein, die Gesundheit fördern*	**estar sano**	*gesund sein, eine gute Gesundheit haben*
ser viejo	*alt sein*	**estar viejo**	*alt aussehen, gebrechlich sein, abgetragen sein*
ser joven	*jung sein*	**estar joven**	*jung aussehen*
ser triste	(Situation) *traurig sein*	**estar triste**	(Mensch) (augenblicklich) *traurig sein*
ser nervioso	*nervös sein*	**estar nervioso**	(augenblicklich) *nervös sein*
ser simpático	*freundlich sein*	**estar simpático**	*sich freundlich benehmen*
ser enfermo	*chronisch krank sein*	**estar enfermo**	*vorübergehend krank sein*
ser delgado	*von Natur aus schlank sein*	**estar delgado**	*gerade schlank sein*

! In manchen Fällen können sowohl **ser** als auch **estar** verwendet werden, ohne dass ein Bedeutungsunterschied vorliegt.

ser/estar soltero/soltera	*ledig sein*
ser/estar casado/casada	*verheiratet sein*
ser/estar divorciado/divorciada	*geschieden sein*
ser/estar viudo/viuda	*verwitwet sein*

Folgende häufige Ausdrücke sollten Sie sich merken:

estar bien	*sich wohl fühlen, in Ordnung sein, stimmen*
ser bueno	*gut sein, von guter Qualität sein, ein guter Mensch sein*
estar bueno	*gut schmecken, gesund sein*
estar mal	*sich nicht wohl fühlen, nicht stimmen*
ser malo	*schlecht sein, von schlechter Qualität sein, bösartig sein*
estar malo	*nicht gut schmecken, krank sein, verdorben sein*

In Lateinamerika können die hier aufgeführten Regeln von Land zu Land schwanken.

2. Hay und estar

Um die Position einer Person oder eines Gegenstandes im Raum zu beschreiben, haben wir im Deutschen neben *sein* eine reichhaltige Auswahl zwischen zahlreichen anderen Verben wie *sitzen*, *liegen* oder *stehen*. Im Spanischen wird die Position meist nur mit **estar** oder **hay** *(es gibt)*, die unpersönliche Form von **haber**, angegeben. Zum Gebrauch von **estar** und **hay** ist Folgendes anzumerken:

- Das Verb **ser** wird nie mit einer Ortsbestimmung gebraucht. Das ist wahrscheinlich der häufigste Fehler unter Spanisch Lernenden.

LEICHT GEMERKT

Als grobe Unterscheidungshilfe merken Sie sich:
Hay – *es gibt*, **ser** ist klar, *sich befinden* heißt **estar**.

- Ob **estar** oder **hay** gebraucht wird, richtet sich danach, ob das Subjekt bestimmt oder unbestimmt ist.

estar + Bestimmtes	**hay** + Unbestimmtes
+ bestimmter Artikel: **el, la, los, las**	+ unbestimmter Artikel: **un, una, unos, unas**
El árbol está en el jardín. *Der Baum steht im Garten.*	**En el jardín hay un árbol.** *Im Garten steht ein Baum.*
+ Personalpronomen: **yo, tú, el, ella...**	+ Indefinitpronomen: **mucho, poco, nada, todo, alguien, nadie, ninguno, otro**
Estamos en el restaurante. *Wir sind im Restaurant.*	**Hay pocos clientes en el bar.** *Es sind wenige Gäste in der Kneipe.*

+ Demonstrativpronomen: **este, esta, ese, esa, aquel, aquella...**	+ Zahlen
Aquella montaña está muy lejos. *Der Berg (dort) ist sehr weit weg.*	**Hay más de 400 millones de hablantes de español.** *Es gibt mehr als 400 Millionen Spanisch Sprechender.*
+ Possessivpronomen: **mi, tu, su...**	+ Substantive ohne Bestimmung: **pan, dinero, agua...**
¿Dónde están vuestras maletas? *Wo sind/stehen eure Koffer?*	**No hay gente en la calle.** *Es sind keine Menschen auf der Straße.*
+ Personeneigennamen	
¿Dónde está Alberto? *Wo ist Alberto?*	
+ Geographische Bezeichnungen: Orts-, Flussnamen ...	
Montevideo está en Uruguay. *Montevideo liegt in Uruguay.*	

3. Gustar und andere Verben mit Dativ

Es gibt Verben im Spanischen, mit denen sich der Lernende erfahrungsgemäß schwer tut: Es sind die Verben, bei denen die handelnde Person im Dativ steht und die somit stets den Gebrauch des entsprechenden Personalpronomens nach sich ziehen. Nehmen wir als Beispiel das Verb **gustar**:

die betroffene Person steht im Dativpronomen		das Verb richtet sich nach dem, worum es geht	
(a mí)	**me**	**gusta**	la fruta
(a ti)	**te**	**gusta**	el pescado
(a él/ella/Ud.)	**le**	**gusta**	ir en bici
(a nosotros/-as)	**nos**	**gustan**	las personas amables
(a vosotros/-as)	**os**	**gustan**	los animales
(a ellos/ellas/Uds.)	**les**	**gusta**	el cine

Es gibt neben **gustar** noch mehr Verben dieser Art:

gustar	*gefallen, schmecken*	**Me gusta la primavera.** *Der Frühling gefällt mir.*
encantar	*sehr gut gefallen*	**Me encanta la playa.** *Es gefällt mir sehr gut am Strand.*
parecer	*vorkommen, finden*	**Me parece difícil.** *Das kommt mir schwer vor.*
interesar	*interesieren*	**Me interesa mucho el cine mexicano.** *Ich interessiere mich sehr für das mexikanische Kino.*
ir/venir bien	*passen*	**¿Te va/viene bien ahora?** *Passt es dir jetzt?*
apetecer	*mögen, Lust haben*	**Ahora no me apetece.** *Im Moment mag ich nicht.*
doler	*wehtun, schmerzen*	**Le duele la rodilla.** *Ihm/Ihr tut das Knie weh.*
pasar	*geschehen, fehlen*	**¿Qué te pasa?** *Was fehlt dir?/Was hast du?*
faltar	*fehlen, brauchen*	**Nos falta experiencia.** *Uns fehlt es an Erfahrung.*

4. Die Verneinung

Die Verneinung im Spanischen verstößt ab und zu gegen die deutsche Logik, folgt aber absolut einfachen Regeln:

- Die Negation **no** steht vor dem konjugierten Verb.

Pablo no está en casa.	*Pablo ist nicht zu Hause.*
No hemos visitado la catedral.	*Wir haben den Dom nicht besichtigt.*
No voy a acompañarte.	*Ich werde dich nicht begleiten.*
No había hablado con Luis desde ayer.	*Ich hatte seit gestern nicht mit Luis gesprochen.*

- **No** steht vor dem unbetonten Dativ-, Akkusativ- oder Reflexivpronomen.

Mi hija no me lo ha dicho.	*Meine Tochter hat es mir nicht gesagt.*
No la he visto.	*Ich habe sie nicht gesehen.*
Todavía no se han decidido.	*Sie haben sich noch nicht entschieden.*

- Wenn Wörter negativer Bedeutung wie **nada**, **nadie, ninguno, nunca**, **ni** oder **tampoco** am Anfang des Satzes stehen, wird keine weitere Verneinung benötigt; treten sie erst nach dem Verb auf, so muss **no** vor dem Verb stehen.

Nadie los conocía.	*Niemand kannte sie.*
Tampoco yo lo sé.	*Ich weiß es auch nicht.*
Este chico no aprende nada.	*Dieser Junge lernt nichts.*
Laura no volverá nunca más.	*Laura wird nie wieder zurückkommen.*
¿No tienes ninguna foto de él?	*Hast du kein Bild von ihm?*
Ningún médico haría eso.	*Kein Arzt würde das tun.*

!

Denken Sie daran, dass **no** sowohl *nein* als auch *nicht* bedeutet.

Im Gegensatz zum deutschen *kein(e)* wird **ninguno** fast nur im Singular gebraucht.

5. Die Wortstellung

Welcher der folgenden drei Sätze ist korrekt?

A Ramón le gusta mucho nadar.
Nadar le gusta mucho a Ramón.
Le gusta mucho nadar a Ramón.

Stellen Sie einem Muttersprachler diese Frage, wird er antworten, dass alle drei Sätze richtig sind, wenngleich der erste am natürlichsten klingt. Tatsächlich verfügt das Spanische über eine sehr freie Wortstellung, d. h., dass sehr viel, bei weitem jedoch nicht alles erlaubt ist. Klar ist, dass durch die Wortstellung Einfluss darauf genommen werden kann, welcher Satzteil und somit welche Information hervorgehoben werden soll.

Hace unos meses estuve en Uruguay.	der Ort wird betont
Estuve en Uruguay hace unos meses.	die Zeit wird betont
Estuve hace unos meses en Uruguay.	neutrale Aussage, gleichwertige Betonung beider Satzteile

Die Grenzen sind hier fließend. Viel wichtiger für die richtige Wortstellung sind folgende Regeln, die Sie unbedingt befolgen sollten:

- **No** steht vor dem konjugierten Verb und den unbetonten Dativ-, Akkusativ-, oder Reflexivpronomen.

No quiero ir al médico.	*Ich will nicht zum Arzt.*
No le llamo por teléfono.	*Ich rufe sie nicht an.*

- Die Pronomen stehen immer vor dem konjugierten Verb. Bei einem Infinitiv oder Gerundium können sie auch nachgestellt werden, an den bejahten Imperativ müssen sie angehängt werden (▸ „Beim bejahten Imperativ werden die Personalpronomen ans Verb angehängt.").

Nos la queremos comprar. **= Queremos comprárnosla.**	*Wir wollen sie uns kaufen.*
Me lo está explicando. **= Está explicándomelo.**	*Er/Sie erklärt es mir gerade.*

- Das Adjektiv steht in der Regel nach dem Substantiv.

una decisión rápida	*eine schnelle Entscheidung*

- Zusammengesetzte Verbformen dürfen nicht getrennt werden.

Hoy (me) he comprado un vestido precioso.	*Ich habe (mir) heute ein wunderschönes Kleid gekauft.*

- Bei Fragen ist meistens keine Umstellung nötig.

¿(Tú) vives aquí?	*Wohnst du hier?*
¿Es tuya esta camisa?/¿Esta camisa es tuya?	*Gehört dir dieses Hemd?*

ANHANG: KONJUGATIONSTABELLEN

In den Verbtabellen werden folgende Abkürzungen verwendet:

pret. ind. **pretérito indefinido**
subj. pres. **presente de subjuntivo**
subj. imp. **imperfecto de subjuntivo**

Anhang 1: Die regelmäßigen Verben

1. Konjugation: Verben auf -ar			infinitivo: hablar	
presente	imperfecto	pret. ind.	futuro	
hablo hablas habla hablamos habláis hablan	hablaba hablabas hablaba hablábamos hablabais hablaban	hablé hablaste habló hablamos hablasteis hablaron	hablaré hablarás hablará hablaremos hablaréis hablarán	**gerundio** hablando **participio** hablado
subj. pres.	imperativo	subj. imp.	condicional	
hable hables hable hablemos habléis hablen	 habla hable hablemos hablad hablen	hablara/-se hablaras/-ses hablara/-se habláramos/-semos hablarais/-seis hablaran/-sen	hablaría hablarías hablaría hablaríamos hablaríais hablarían	

2. Konjugation: Verben auf -er			infinitivo: aprender	
presente	imperfecto	pret. ind.	futuro	
aprendo aprendes aprende aprendemos aprendéis aprenden	aprendía aprendías aprendía aprendíamos aprendíais aprendían	aprendí aprendiste aprendió aprendimos aprendisteis aprendieron	aprenderé aprenderás aprenderá aprenderemos aprenderéis aprenderán	**gerundio** aprendiendo **participio** aprendido
subj. pres.	imperativo	subj. imp.	condicional	
aprenda aprendas aprenda aprendamos aprendáis aprendan	 aprende aprenda aprendamos aprended aprendan	aprendiera/-se aprendieras/-ses aprendiera/-se aprendiéramos/ -semos aprendierais/ -seis aprendiera/-sen	aprendería aprenderías aprendería aprenderíamos aprenderíais aprenderían	

3. Konjugation: Verben auf -ir			infinitivo: vivir	
presente	imperfecto	pret. ind.	futuro	
vivo vives vive vivimos vivís viven	vivía vivías vivía vivíamos vivíais vivían	viví viviste vivió vivimos vivisteis vivieron	viviré vivirás vivirá viviremos viviréis vivirán	**gerundio** viviendo **participio** vivido
subj. pres.	imperativo	subj.imp.	condicional	
viva vivas viva vivamos viváis vivan	 vive viva vivamos vivid vivan	viviera/-se vivieras/-ses viviera/-se viviéramos/-semos vivierais/-seis vivieran/-sen	viviría vivirías viviría viviríamos viviríais vivirían	

Anhang 2: Verben mit Stammveränderungen

Im Folgenden werden die Zeiten und Modi aufgeführt, bei denen eine Veränderung im Stamm vorkommt. Nicht aufgeführte Formen sind regelmäßig.

Anhang 2a: Verben mit Vokalveränderungen

‹**e** ▸ ***ie***›	infinitivo: pensar	
presente	subj. pres	imperativo
pienso piensas piensa pensamos pensáis piensan	piense pienses piense pensemos penséis piensen	 piensa piense pensemos pensad piensen
Ebenso: **cerrar, empezar, querer, entender, sentarse, sentir, despertar, comenzar, preferir, divertir, mentir, perder, convertir**		

‹**o** ▸ ***ue***›	infinitivo: contar	
presente	subj. pres.	imperativo
cuento cuentas cuenta contamos contáis cuentan	cuente cuentes cuente contemos contéis cuenten	 cuenta cuente contemos contad cuenten
Ebenso: **costar, recordar, probar, acostarse, encontrar, doler, mostrar, almorzar, mover, soler, volver, volar, dormir, morir, poder, sonar, soñar**		

‹**e** ▸ ***i***›			infinitivo: pedir		
presente	subj. pres.	imperativo	pret. ind.	subj. imp.	
pido pides pide pedimos pedís piden	pida pidas pida pidamos pidáis pidan	 pide pida pidamos pedid pidan	pedí pediste pidió pedimos pedisteis pidieron	pidiera/-se pidieras/-ses pidiera/-se pidiéramos/- semos pidierais/-seis pidieran/-sen	 **gerundio** pidiendo
Ebenso: **vestir, servir, seguir, despedirse, repetir, corregir, impedir, elegir**					

Anhang 2b: Verben mit orthographischen Abweichungen

Es handelt sich hier um keine Unregelmäßigkeiten, sondern um rein orthographische Veränderungen nach den Rechtschreib- und Ausspracheregeln der spanischen Sprache (▸ „Aussprache, Betonung und Rechtschreibung").

‹*z* ▸ *c*›	infinitivo: cazar	
pret. ind.	subj. pres.	imperativo
ca**c**é	ca**c**e	
cazaste	ca**c**es	caza
cazó	ca**c**e	ca**c**e
cazamos	ca**c**emos	ca**c**emos
cazasteis	ca**c**éis	cazad
cazaron	ca**c**en	ca**c**en
Ebenso: **enlazar**		

‹*c* ▸ *z*›	infinitivo: vencer	
presente	subj. pres.	imperativo
ven**z**o	ven**z**a	
vences	ven**z**as	vence
vence	ven**z**a	ven**z**a
vencemos	ven**z**amos	ven**z**amos
vencéis	ven**z**áis	venced
vencen	ven**z**an	ven**z**an
Ebenso: **convencer, mecer**		

‹*c* ▸ *qu*›	infinitivo: atacar	
pret. ind.	subj. pres.	imperativo
ata**qu**é	ata**qu**e	
atacaste	ata**qu**es	ataca
atacó	ata**qu**e	ata**qu**e
atacamos	ata**qu**emos	ata**qu**emos
atacasteis	ata**qu**éis	atacad
atacaron	ata**qu**en	ata**qu**en
Ebenso: **buscar**, **aparcar**		

‹*qu* ▸ *c*›	infinitivo: delinquir	
presente	subj. pres.	imperativo
delin**c**o	delin**c**a	
delinques	delin**c**as	delinque
delinque	delin**c**a	delin**c**a
delinquimos	delin**c**amos	delin**c**amos
delinquís	delin**c**áis	delinquid
delinquen	delin**c**an	delin**c**an

‹*g* ▸ *gu*›	infinitivo: pagar	
pret. ind.	subj. pres.	imperativo
pa**gu**é	pa**gu**e	
pagaste	pa**gu**es	paga
pagó	pa**gu**e	pa**gu**e
pagamos	pa**gu**emos	pa**gu**emos
pagasteis	pa**gu**éis	pagad
pagaron	pa**gu**en	pa**gu**en
Ebenso: **llegar**		

‹*gu* ▸ *g*›	infinitivo: distinguir	
presente	subj. pres.	imperativo
distin**g**o	distin**g**a	
distingues	distin**g**as	distingue
distingue	distin**g**a	distin**g**a
distinguimos	distin**g**amos	distin**g**amos
distinguís	distin**g**áis	distinguid
distinguen	distin**g**an	distin**g**an

‹*gu* ▸ *gü*›	infinitivo: averiguar	
pret. ind.	subj. pres.	imperativo
averi**gü**é	averi**gü**e	
averiguaste	averi**gü**es	averigua
averiguó	averi**gü**e	averi**gü**e
averiguamos	averi**gü**emos	averi**gü**emos
averiguasteis	averi**gü**éis	averiguad
averiguaron	averi**gü**en	averi**gü**en
Ebenso: **aguar, amortiguar, apaciguar, atestiguar**		

‹*g* ▸ *j*›	infinitivo: coger	
presente	subj. pres.	imperativo
co**j**o	co**j**a	
coges	co**j**as	coge
coge	co**j**a	co**j**a
cogemos	co**j**amos	co**j**amos
cogéis	co**j**áis	coged
cogen	co**j**an	co**j**an
Ebenso: **proteger, dirigir, recoger, acoger**		

‹i ▸ y›	infinitivo: huir				
presente	subj. pres.	imperativo	pret. ind.	subj. imp	
hu**y**o	hu**y**a		huí	hu**y**era/-se	
hu**y**es	hu**y**as	hu**y**e	huiste	hu**y**eras/-ses	**gerundio**
hu**y**e	hu**y**a	hu**y**a	hu**y**ó	hu**y**era/-se	hu**y**endo
huimos	hu**y**amos	hu**y**amos	huimos	hu**y**éramos/-semos	
huís	hu**y**áis	huid	huisteis	hu**y**erais/-seis	**participio**
hu**y**en	hu**y**an	hu**y**an	hu**y**eron	hu**y**eran/-sen	huido
Ebenso: **construir, incluir, destruir, sustituir, constituir, disminuir, distribuir, influir**					

Anhang 2c: Sonderformen für die erste Person

Diese Sonderform kommt in der ersten Person Singular des Präsens vor, und somit ist sie auch für die davon abgeleiteten Formen (subj. pres. und Imperativ) relevant.

caber:	quepo	**caer:**	caigo
decir:	digo	**hacer:**	hago
salir:	salgo	**tener:**	tengo
valer:	valgo	**venir:**	vengo
conocer:	conozco	**crecer:**	crezco
oír:	oigo	**poner:**	pongo
traducir:	traduzco	**traer:**	traigo

Eine Hand voll Verben haben eine Sonderform für die erste Person, die jedoch nicht zur Bildung des subj. pres. und des Imperativs dient (siehe auch Anhang 3).

dar: doy **saber:** sé **estar:** estoy **ir:** voy

Anhang 2d: Verben mit Betonungsverschiebung

Einige (jedoch nicht alle!) Verben auf **-iar** und **-uar** weisen eine Betonungsverschiebung auf.

‹1. pres: ***envío***› infinitivo: enviar		
presente	subj. pres.	imperativo
env**í**o	env**í**e	
env**í**as	env**í**es	env**í**a
env**í**a	env**í**e	env**í**e
enviamos	enviemos	enviemos
enviáis	enviéis	enviad
env**í**an	env**í**en	env**í**en
Ebenso: **confiar, variar, enfriar, ampliar, resfriarse, guiar, variar**		

‹1. pres: ***continúo***› infinitivo: continuar		
presente	subj. pres.	imperativo
contin**ú**o	contin**ú**e	
contin**ú**as	contin**ú**es	contin**ú**a
contin**ú**a	contin**ú**e	contin**ú**e
continuamos	continuemos	continuemos
continuáis	continuéis	continuad
contin**ú**an	contin**ú**en	contin**ú**en
Ebenso: **actuar, acentuar, efectuar, habituar**		

Anhang 2e: Verben, bei denen das unbetonte i wegfällt

Bei Verben, deren Stamm auf **-ñ** oder **-ll** enden, fällt das unbetonte **-i-** bei bestimmten Endungen weg.

‹3. pret: ***gruñó***›	infinitivo: gruñir	
pret. ind.	subj. imp.	
gruñí gruñiste gruñ**ó** gruñimos gruñisteis gruñ**e**ron	gruñ**e**ra/-se gruñ**e**ras/-ses gruñ**e**ra/-se gruñ**é**ramos/-semos gruñ**e**rais/-seis gruñ**e**ran/-sen	**gerundio** gruñ**e**ndo
Ebenso: **tañer, teñir, bullir**		

Anhang 2f: Verben mit zwei Unregelmäßigkeiten

Etliche Verben weisen mehr als zwei der aufgeführten Unregelmäßigkeiten auf.

‹***e*** ▸ ***ie***› + ‹***g*** ▸ ***gu***›		infinitivo: fregar	
presente	pret. ind.	subj. pres.	imperativo
fr**ie**go fr**ie**gas fr**ie**ga fregamos fregáis fr**ie**gan	freg**u**é fregaste fregó fregamos fregasteis fregaron	fr**ie**g**u**e fr**ie**g**u**es fr**ie**g**u**e freg**u**emos freg**u**éis fr**ie**g**u**en	 fr**ie**ga fr**ie**g**u**e freg**u**emos fregad fr**ie**g**u**en

‹***o*** ▸ ***ue***› + ‹***c*** ▸ ***qu***›		infinitivo: volcar	
presente	pret. ind.	subj. pres.	imperativo
v**ue**lco v**ue**lcas v**ue**lca volcamos volcáis v**ue**lcan	vol**qu**é volcaste volcó volcamos volcasteis volcaron	v**ue**l**qu**e v**ue**l**qu**es v**ue**l**qu**e vol**qu**emos vol**qu**éis v**ue**l**qu**en	 v**ue**lca v**ue**l**qu**e vol**qu**emos volcad v**ue**l**qu**en

‹***o*** ▸ ***ue***› + ‹***g*** ▸ ***gu***›		infinitivo: colgar	
presente	pret. ind.	subj. pres.	imperativo
c**ue**lgo c**ue**lgas c**ue**lga colgamos colgáis c**ue**lgan	colg**u**é colgaste colgó colgamos colgasteis colgaron	c**ue**lg**u**e c**ue**lg**u**es c**ue**lg**u**e colg**u**emos colg**u**éis c**ue**lg**u**en	 c**ue**lga c**ue**lg**u**e colg**u**emos colgad c**ue**lg**u**en

‹*o* ▸ *ue*› + ‹*z* ▸ *c*›		infinitivo: forzar	
presente	pret. ind.	subj. pres.	imperativo
fuerzo	for**c**é	**fuerc**e	
fuerzas	forzaste	**fuerc**es	**fue**rza
fuerza	forzó	**fuerc**e	**fuerc**e
forzamos	forzamos	for**c**emos	for**c**emos
forzáis	forzasteis	for**c**éis	forzad
fuerzan	forzaron	**fuerc**en	**fuerc**en

‹*e* ▸ *i*› + ‹*gu* ▸ *g*›		infinitivo: seguir	
presente	pret. ind.	subj. pres.	imperativo
sigo	seguí	**sig**a	
sigues	seguiste	**sig**as	**si**gue
sigue	**si**guió	**sig**a	**sig**a
seguimos	seguimos	**sig**amos	**sig**amos
seguís	seguisteis	**sig**áis	seguid
siguen	**si**guieron	**sig**an	**sig**an

‹*e* ▸ *ie*› + ‹*z* ▸ *c*›		infinitivo: empezar	
presente	pret. ind.	subj. pres.	imperativo
emp**ie**zo	empe**c**é	emp**iec**e	
emp**ie**zas	empezaste	emp**iec**es	emp**ie**za
emp**ie**za	empezó	emp**iec**e	emp**iec**e
empezamos	empezamos	empe**c**emos	empe**c**emos
empezáis	empezasteis	empe**c**éis	empezad
emp**ie**zan	empezaron	emp**iec**en	emp**iec**en

‹o ▸ ue› + ‹*c* ▸ *z*›		infinitivo: cocer	
presente	pret. ind.	subj. pres.	imperativo
cuezo	cocí	**cuez**a	
cueces	cociste	**cuez**as	**cue**ce
cuece	coció	**cuez**a	**cuez**a
cocemos	cocimos	co**z**amos	co**z**amos
cocéis	cocisteis	co**z**áis	coced
cuecen	cocieron	**cuez**an	**cuez**an

‹*e* ▸ *i*› + ‹*g* ▸ *j*›		infinitivo: elegir	
presente	pret. ind.	subj. pres.	imperativo
el**ij**o	elegí	el**ij**a	
el**i**ges	elegiste	el**ij**as	el**i**ge
el**i**ge	el**i**gió	el**ij**a	el**ij**a
elegimos	elegimos	el**ij**amos	el**ij**amos
elegís	elegisteis	el**ij**áis	elegid
el**i**gen	el**i**gieron	el**ij**an	el**ij**an
Ebenso: **corregir**			

Anhang 3: Die unregelmäßigen Verben

Im Folgenden werden ausschließlich die Zeiten und Modi aufgeführt, bei denen Unregelmäßigkeiten vorkommen. Nicht aufgeführte Formen sind regelmäßig.

infinitivo: adquirir		
presente	subj. pres.	imperativo
adqu**ie**ro	adqu**ie**ra	
adqu**ie**res	adqu**ie**ras	adqu**ie**re
adqu**ie**re	adqu**ie**ra	adqu**ie**ra
adquirimos	adquiramos	adquiramos
adquirís	adquiráis	adquirid
adqu**ie**ren	adqu**ie**ran	adqu**ie**ran
Ebenso: **inquirir**		

infinitivo: andar	
pret. ind.	subj. imp.
and**uve**	and**uv**iera/-se
and**uv**iste	and**uv**ieras/-ses
and**uvo**	and**uv**iera/-se
and**uv**imos	and**uv**iéramos/-semos
and**uv**isteis	and**uv**ierais/-seis
and**uv**ieron	and**uv**ieran/-esen

infinitivo: caber					
presente	subj. pres.	imperativo	pret. ind.	futuro	condicional
quepo	**quep**a		**cup**e	ca**bré**	ca**br**ía
cabes	**quep**as	cabe	**cup**iste	ca**br**ás	ca**br**ías
cabe	**quep**a	**quep**a	**cup**o	ca**br**á	ca**br**ía
cabemos	**quep**amos	**quep**amos	**cup**imos	ca**br**emos	ca**br**íamos
cabéis	**quep**áis	cabed	**cup**isteis	ca**br**éis	ca**br**íais
caben	**quep**an	**quep**an	**cup**ieron	ca**br**án	ca**br**ían

infinitivo: caer					
presente	subj. pres.	imperativo	pret. ind.	subj. imp.	
ca**ig**o	ca**ig**a		caí	ca**y**era/-se	
caes	ca**ig**as	cae	caíste	ca**y**eras/-ses	**gerundio**
cae	ca**ig**a	ca**ig**a	ca**y**ó	ca**y**era/-se	ca**y**endo
caemos	ca**ig**amos	ca**ig**amos	caímos	ca**y**éramos/-semos	
caéis	ca**ig**áis	caed	caísteis	ca**y**erais/-seis	**participio**
caen	ca**ig**an	ca**ig**an	ca**y**eron	ca**y**eran/-sen	caído

infinitivo: conocer		
presente	subj. pres.	imperativo
cono**zc**o	cono**zc**a	
conoces	cono**zc**as	conoce
conoce	cono**zc**a	cono**zc**a
conocemos	cono**zc**amos	cono**zc**amos
conocéis	cono**zc**áis	conoced
conocen	cono**zc**an	cono**zc**an
Ebenso: **nacer, crecer, ofrecer, parecer, (des)aparecer, agradecer, reconocer, relucir**		

infinitivo: dar				
presente	subj. pres.	imperativo	pret. ind.	subj. imp.
do**y**	d**é**		d**i**	d**ie**ra/-se
das	des	da	d**i**ste	d**ie**ras/-ses
da	d**é**	d**é**	dio	d**ie**ra/-se
damos	demos	demos	d**i**mos	d**ié**ramos/-semos
dais	deis	dad	d**i**steis	d**ie**rais/-seis
dan	den	den	d**ie**ron	d**ie**ran/-sen

infinitivo: decir				
presente	pret. ind.	futuro		
d**ig**o	d**ij**e	d**ir**é		**gerundio**
d**i**ces	d**ij**iste	d**ir**ás		d**i**ciendo
d**i**ce	d**ij**o	d**ir**á		
decimos	d**ij**imos	d**ir**emos		**participio**
decís	d**ij**isteis	d**ir**éis		**dicho**
d**i**cen	d**ij**eron	d**ir**án		
subj. pres.	imperativo	subj. imp.	condicional	
d**ig**a		d**ij**era/-se	d**ir**ía	
d**ig**as	d**i**	d**ij**eras/-ses	d**ir**ías	
d**ig**a	d**ig**a	d**ij**era/-se	d**ir**ía	
d**ig**amos	d**ig**amos	d**ij**éramos/-semos	d**ir**íamos	
d**ig**áis	decid	d**ij**erais/-seis	d**ir**íais	
d**ig**an	d**ig**an	d**ij**eran/-sen	d**ir**ían	
Ebenso: **predecir, contradecir**, etc.				

infinitivo: errar		
presente	subj. pres.	imperativo
yerro	**y**erre	
yerras	**y**erres	**y**erra
yerra	**y**erre	**y**erre
erramos	erremos	erremos
erráis	erréis	errad
yerran	**y**erren	**y**erren

infinitivo: estar				
presente	subj. pres.	imperativo	pret. ind.	subj. imp.
est**oy**	est**é**		est**uv**e	est**uv**iera/-se
est**ás**	est**és**	est**á**	est**uv**iste	est**uv**ieras/-ses
est**á**	est**é**	est**é**	est**uv**o	est**uv**iera/-se
estamos	estemos	estemos	est**uv**imos	est**uv**iéramos/-semos
estáis	estéis	estad	est**uv**isteis	est**uv**ierais/-seis
est**án**	est**én**	est**én**	est**uv**ieron	est**uv**ieran/-sen

infinitivo: haber			
presente	pret. ind.	futuro	
h**e**	h**ub**e	ha**br**é	
h**as**	h**ub**iste	ha**br**ás	
h**a**	h**ub**o	ha**br**á	
hemos	h**ub**imos	ha**br**emos	
habéis	h**ub**isteis	ha**br**éis	
h**an**	h**ub**ieron	ha**br**án	
subj. pres.	imperativo	subj. imp.	condicional
ha**y**a		h**ub**iera/-se	ha**br**ía
ha**y**as	he	h**ub**ieras/-ses	ha**br**ías
ha**y**a	ha**y**a	h**ub**iera/-se	ha**br**ía
ha**y**amos	ha**y**amos	h**ub**iéramos/-semos	ha**br**íamos
ha**y**áis	habed	h**ub**ierais/-seis	ha**br**íais
ha**y**an	ha**y**an	h**ub**ieran/-sen	ha**br**ían

infinitivo: hacer			
presente	pret. ind.	futuro	
ha**g**o	h**i**ce	ha**r**é	
haces	h**i**ciste	ha**r**ás	
hace	h**iz**o	ha**r**á	
hacemos	h**i**cimos	ha**r**emos	
hacéis	h**i**cisteis	ha**r**éis	**participio**
hacen	h**i**cieron	ha**r**án	**hecho**
subj. pres.	imperativo	subj. imp.	condicional
ha**g**a		h**i**ciera/-se	ha**r**ía
ha**g**as	ha**z**	h**i**cieras/-ses	ha**r**ías
ha**g**a	ha**g**a	h**i**ciera/-se	ha**r**ía
ha**g**amos	ha**g**amos	h**i**ciéramos/-semos	ha**r**íamos
ha**g**áis	haced	h**i**cierais/-seis	ha**r**íais
ha**g**an	ha**g**an	h**i**cieran/-sen	ha**r**ían
Ebenso: **rehacer**, **deshacer** etc.			

infinitivo: ir					
presente	imperfecto	pret. ind.	subj. pres.	imperativo	subj. imp.
voy	**ib**a	**fui**	**vay**a		**fu**era/-se
vas	**ib**as	**fui**ste	**vay**as	**ve**	**fu**eras/-ses
va	**ib**a	**fue**	**vay**a	**vay**a	**fu**era/-se
vamos	**íb**amos	**fui**mos	**vay**amos	**vay**amos	**fu**éramos/-semos
vais	**ib**ais	**fui**steis	**vay**áis	id	**fu**erais/-seis
van	**ib**an	**fu**eron	**vay**an	**vay**an	**fu**eran/-sen
gerundio	**yendo**				

infinitivo: jugar			
presente	pret. ind.	subj. pres.	imperativo
j**ue**go	jug**u**é	j**ue**g**u**e	
j**ue**gas	jugaste	j**ue**g**u**es	j**ue**ga
j**ue**ga	jugó	j**ue**g**u**e	j**ue**g**u**e
jugamos	jugamos	jug**u**emos	jug**u**emos
jugáis	jugasteis	jug**u**éis	jugad
j**ue**gan	jugaron	j**ue**g**u**en	j**ue**g**u**en

infinitivo: leer		
pret. ind.	subj. imp.	
leí	le**y**era/-se	**gerundio**
leíste	le**y**eras/-ses	le**y**endo
le**y**ó	le**y**era/-se	
leímos	le**y**éramos/-semos	**participio**
leísteis	le**y**erais/-seis	leído
le**y**eron	le**y**eran/-sen	
Ebenso: **creer**		

infinitivo: oír					
presente	imperfecto	pret. ind.	subj. pres.	imperativo	subj. imp.
oi**g**o	oía	oí	oi**g**a		o**y**era/-se
o**y**es	oías	oiste	oi**g**as	o**y**e	o**y**eras/-ses
o**y**e	oía	o**y**ó	oi**g**a	oi**g**a	o**y**era/-se
oímos	oíamos	oímos	oi**g**amos	oi**g**amos	o**y**éramos/-semos
oís	oíais	oísteis	oi**g**áis	oíd	o**y**erais/-seis
o**y**en	oían	o**y**eron	oi**g**an	oi**g**an	o**y**eran/-sen
gerundio	**participio**				
o**y**endo	**oído**				

infinitivo: oler		
presente	subj. pres.	imperativo
huelo	**hue**la	
hueles	**hue**las	**hue**le
huele	**hue**la	**hue**la
olemos	olamos	olamos
oléis	oláis	oled
huelen	**hue**lan	**hue**lan

infinitivo: poder			
presente	pret. ind.	futuro	
p**ue**do	p**u**de	po**dr**é	**gerundio**
p**ue**des	p**u**diste	po**dr**ás	p**u**diendo
p**ue**de	p**u**do	po**dr**á	
podemos	p**u**dimos	po**dr**emos	
podéis	p**u**disteis	po**dr**éis	
p**ue**den	p**u**dieron	po**dr**án	

subj. pres.	imperativo	subj. imp.	condicional
p**ue**da		p**u**diera/-se	po**dr**ía
p**ue**das	p**ue**de	p**u**dieras/-ses	po**dr**ías
p**ue**da	p**ue**da	p**u**diera/-se	po**dr**ía
podamos	podamos	p**u**diéramos/-semos	po**dr**íamos
podáis	poded	p**u**dierais/-seis	po**dr**íais
p**ue**dan	p**ue**dan	p**u**dieran/-sen	po**dr**ían

infinitivo: (podrir) pudrir
Für beide Verben gelten die Formen von **pudrir** (mit **-u-**). Das Partizip hingegen lautet beide Male **podrido**.

infinitivo: poner			
presente	pret. ind.	futuro	
pon**g**o pones pone ponemos ponéis ponen	p**us**e p**us**iste p**us**o p**us**imos p**us**isteis p**us**ieron	pon**dr**é pon**dr**ás pon**dr**á pon**dr**emos pon**dr**éis pon**dr**án	**participio** **puesto**
subj. pres.	imperativo	subj. imp.	condicional
pon**g**a pon**g**as pon**g**a pon**g**amos pon**g**áis pon**g**an	 **pon** pon**g**a pon**g**amos pon**g**áis pon**g**an	p**us**iera/-se p**us**ieras/-ses p**us**iera/-se p**us**iéramos/-semos p**us**ierais/-seis p**us**ieran/-sen	pon**dr**ía pon**dr**ías pon**dr**ía pon**dr**íamos pon**dr**íais pon**dr**ían
Ebenso: **reponer, disponer, interponer,** etc.			

infinitivo: querer			
presente	pret. ind.	futuro	
qu**ie**ro qu**ie**res qu**ie**re queremos queréis qu**ie**ren	qu**is**e qu**is**iste qu**is**o qu**is**imos qu**is**isteis qu**is**ieron	que**rr**é que**rr**ás que**rr**á que**rr**emos que**rr**éis que**rr**án	
subj. pres.	imperativo	subj. imp.	condicional
qu**ie**ra qu**ie**ras qu**ie**ra queramos queráis qu**ie**ran	 qu**ie**re qu**ie**ra queramos quered qu**ie**ran	qu**is**iera/-se qu**is**ieras/-ses qu**is**iera/-se qu**is**iéramos/-semos qu**is**ierais/-seis qu**is**ieran/-sen	que**rr**ía que**rr**ías que**rr**ía que**rr**íamos que**rr**íais que**rr**ían

infinitivo: reír					
presente	subj. pres.	imperativo	imperfecto	pret. ind.	
río	ría		reía	reí	**gerundio**
ríes	rías	ríe	reías	reíste	riendo
ríe	ría	ría	reía	rio	
reímos	riamos	riamos	reíamos	reímos	
reís	riais	reíd	reíais	reísteis	
ríen	rían	rían	reían	rieron	
Ebenso: **sonreír**					

infinitivo: saber			
presente	pret. ind.	futuro	
sé	**sup**e	sa**br**é	
sabes	**sup**iste	sa**br**ás	
sabe	**sup**o	sa**br**á	
sabemos	**sup**imos	sa**br**emos	
sabéis	**sup**isteis	sa**br**éis	
saben	**sup**ieron	sa**br**án	
subj. pres.	imperativo	subj. imp.	condicional
sepa		**sup**iera/-se	sa**br**ía
sepas	sabe	**sup**ieras/-ses	sa**br**ías
sepa	**sep**a	**sup**iera/-se	sa**br**ía
sepamos	**sep**amos	**sup**iéramos/-semos	sa**br**íamos
sepáis	sabed	**sup**ierais/-seis	sa**br**íais
sepan	**sep**an	**sup**ieran/-sen	sa**br**ían

infinitivo: salir				
presente	subj. pres.	imperativo	futuro	condicional
sal**g**o	sal**g**a		sal**dr**é	sal**dr**ía
sales	sal**g**as	**sal**	sal**dr**ás	sal**dr**ías
sale	sal**g**a	sal**g**a	sal**dr**á	sal**dr**ía
salimos	sal**g**amos	sal**g**amos	sal**dr**emos	sal**dr**íamos
salís	sal**g**áis	salid	sal**dr**éis	sal**dr**íais
salen	sal**g**an	sal**g**an	sal**dr**án	sal**dr**ían
Ebenso: **valer**				

infinitivo: ser			
presente	imperfecto	pret. ind.	futuro
soy	**era**	**fui**	seré
eres	**era**s	**fu**iste	serás
es	**era**	**fue**	será
somos	**éra**mos	**fu**imos	seremos
sois	**era**is	**fu**isteis	seréis
son	**era**n	**fu**eron	serán
subj. pres.	imperativo	subj. imp.	condicional
sea		**fu**era/-se	sería
seas	**sé**	**fu**eras/-ses	serías
sea	sea	**fu**era/-se	sería
seamos	seamos	**fu**éramos/-semos	seríamos
seáis	sed	**fu**erais/-seis	seríais
sean	sean	**fu**eran/-sen	serían

infinitivo: tener			
presente	**pret. ind.**	**futuro**	
ten**g**o	t**uv**e	ten**dr**é	
t**ie**nes	t**uv**iste	ten**dr**ás	
t**ie**ne	t**uv**o	ten**dr**á	
tenemos	t**uv**imos	ten**dr**emos	
tenéis	t**uv**isteis	ten**dr**éis	
t**ie**nen	t**uv**ieron	ten**dr**án	
subj. pres.	**imperativo**	**subj. imp.**	**condicional**
ten**g**a		t**uv**iera/-se	ten**dr**ía
ten**g**as	**ten**	t**uv**ieras/-ses	ten**dr**ías
ten**g**a	ten**g**a	t**uv**iera/-se	ten**dr**ía
ten**g**amos	ten**g**amos	t**uv**iéramos/-semos	ten**dr**íamos
ten**g**áis	tened	t**uv**ierais/-seis	ten**dr**íais
ten**g**an	ten**g**an	t**uv**ieran/-sen	ten**dr**ían

infinitivo: traducir				
presente	**subj. pres.**	**imperativo**	**pret. ind.**	**subj. imp.**
tradu**zc**o	tradu**zc**a		tradu**j**e	tradu**j**era/-se
traduces	tradu**zc**as	traduce	tradu**j**iste	tradu**j**eras/-ses
traduce	tradu**zc**a	tradu**zc**a	tradu**j**o	tradu**j**era/-se
traducimos	tradu**zc**amos	tradu**zc**amos	tradu**j**imos	tradu**j**éramos/-semos
traducís	tradu**zc**áis	traducid	tradu**j**isteis	tradu**j**erais/-seis
traducen	tradu**zc**an	tradu**zc**an	tradu**j**eron	tradu**j**eran/-sen
Ebenso: **conducir, seducir,** etc.				

infinitivo: traer					
presente	**subj. pres.**	**imperativo**	**pret. ind.**	**subj. imp.**	
tra**ig**o	tra**ig**a		tra**j**e	tra**j**era/-se	
traes	tra**ig**as	trae	tra**j**iste	tra**j**eras/-ses	**gerundio**
trae	tra**ig**a	tra**ig**a	tra**j**o	tra**j**era/-se	tra**y**endo
traemos	tra**ig**amos	tra**ig**amos	tra**j**imos	tra**j**éramos/-semos	
traéis	tra**ig**áis	traed	tra**j**isteis	tra**j**erais/-seis	**participio**
traen	tra**ig**an	tra**ig**an	tra**j**eron	tra**j**eran/-sen	traído
Ebenso: **retraer, contraer,** etc.					

infinitivo: venir				
presente	**pret. ind.**	**futuro**		
ven**g**o	v**i**ne	ven**dr**é		
v**ie**nes	v**i**niste	ven**dr**ás		**gerundio**
v**ie**ne	v**i**no	ven**dr**á		v**i**niendo
venimos	v**i**nimos	ven**dr**emos		
venís	v**i**nisteis	ven**dr**éis		
v**ie**nen	v**i**nieron	ven**dr**án		
subj. pres.	**imperativo**	**subj. imp.**	**condicional**	
ven**g**a		v**i**niera/-se	ven**dr**ía	
ven**g**as	**ven**	v**i**nieras/-ses	ven**dr**ías	
ven**g**a	ven**g**a	v**i**niera/-se	ven**dr**ía	
ven**g**amos	ven**g**amos	v**i**niéramos/-semos	ven**dr**íamos	
ven**g**áis	venid	v**i**nierais/-seis	ven**dr**íais	
ven**g**an	ven**g**an	v**i**nieran/-sen	ven**dr**ían	

infinitivo: ver					
presente	imperfecto	pret. ind.	subj. pres.	imperativo	subj. imp.
veo	**ve**ía	**vi**	**ve**a		**vi**era/-se
ves	**ve**ías	**vi**ste	**ve**as	ve	**vi**eras/-ses
ve	**ve**ía	**vi**o	**ve**a	**ve**a	**vi**era/-se
vemos	**ve**íamos	**vi**mos	**ve**amos	**ve**amos	**vi**éramos/-semos
veis	**ve**íais	**vi**steis	**ve**áis	ved	**vi**erais/-seis
ven	**ve**ían	**vi**eron	**ve**an	**ve**an	**vi**eran/-sen
participio					
visto					
Ebenso: **prever**					

ERKLÄRUNGEN WICHTIGER GRAMMATIKBEGRIFFE

A

Adjektiv (adjetivo)
beschreibt, wie etwas beschaffen ist.
grande, bonito, rojo *(groß, hübsch, rot)*

Adverb (adverbio)
beschreibt die Umstände einer Handlung oder eines Geschehens.
ya, nada, perfectamente *(schon, nichts, perfekt)*

adverbiale Ergänzung
Angaben des Ortes, der Zeit, der Häufigkeit, des Grundes, der Art und Weise usw., die im Satz neben Subjekt, Prädikat und Objekt stehen können.
<u>A menudo</u> usamos un libro de gramática. <u>Por desgracia</u> no vino. <u>En general</u> no duermo mucho. *(Wir benutzen häufig ein Grammatikbuch. Leider kam er nicht. Im Allgemeinen schlafe ich nicht viel.)*

adversativ
einen Gegensatz ausdrückend.

Aktiv
Die Aktivformen des Verbs stellen die handelnde Person, also den Täter oder Urheber eines Geschehens, in den Vordergrund. Das Subjekt des Satzes hat eine aktive Rolle. Gegensatz: Passiv.

Artikel
begleitet Substantive. Es gibt männliche und weibliche sowie bestimmte und unbestimmte Artikel jeweils in der Einzahl und Mehrzahl.
<u>el</u> hombre , <u>la</u> mujer , <u>los</u> hombres, <u>las</u> mujeres *(der Mann, die Frau, die Männer, die Frauen)*
<u>un</u> hombre, <u>una</u> mujer, <u>unos</u> hombres, <u>unas</u> mujeres *(ein Mann, eine Frau, einige Männer, einige* Frauen)

Die neutrale Form **lo**, die nur im Singular gebraucht wird, verwendet man um Adjektive, Partizipien, Possessivpronomen und Ordnungszahlen zu substantivieren. Sie kann sich auch auf einen ganzen Sachverhalt beziehen.
<u>lo</u> bueno, <u>lo</u> hecho, <u>lo</u> primero. No <u>lo</u> sé. *(das Gute, das Getane, das Erste. Ich weiß es nicht.)*

Aussageweise ▸ Modus

B

Bedingungssätze
sind Nebensätze, die eine Bedingung für die Handlung des Hauptsatzes stellen. Im Spanischen werden sie durch die Konjunktion **si** (*wenn, falls*) eingeleitet. Es gibt reale und irreale Bedingungssätze.
Ist die Bedingung im si-Satz erfüllbar (realer Bedingungssatz), so wird der Indikativ verwendet.
Si tengo mucho dinero trabajo menos. *(Wenn ich viel Geld habe, arbeite ich weniger.)*
Der irreale Bedingungssatz drückt die Nichtwirklichkeit in der Gegenwart und in der Vergangenheit aus und verlangt den Subjuntivo im si-Satz. Die Bedingung ist nicht erfüllbar.
Si tuviera mucho dinero trabajaría menos. *(Wenn ich viel Geld hätte, würde ich weniger arbeiten.)*
Si hubiera tenido mucho dinero habría (hubiera) trabajado menos. (*Wenn ich viel Geld gehabt hätte, hätte ich weniger gearbeitet.)*

D

Deklination (Beugung)
Im Unterschied zum Deutschen werden die Substantive im Spanischen

nicht dekliniert. Es gibt jeweils nur eine Form für den Singular und den Plural.
el coche, los coches, la bicicleta, las bicicletas *(das Auto, die Autos, das Fahrrad, die Fahrräder)*

Demonstrativpronomen
weist auf Personen oder Gegenstände hin, die näher oder weiter weg sind vom Sprecher.
esta casa, ese pájaro *(dieses Haus, jener Vogel)*

direkte Rede
in der direkten Rede wird eine Aussage oder eine Rede direkt wiedergegeben. Diese wird dabei zwischen Anführungszeichen gesetzt.
"Te llamo mañana". *(„Ich rufe Dich morgen an".)*

direktes Objekt ▸ objeto directo

E

Einzahl ▸ Numerus

F

feminin
weibliches Genus; Feminina sind grammatikalisch weibliche Substantive.
la muñeca, la puerta *(die Puppe, die Tür)*

Futur ▸ Zukunftsform

G

Genus
bezeichnet ein grammatisches Geschlecht (Genus). Es wird nicht nur Personen und Tieren, sondern auch Pflanzen, Dingen und Abstraktem zugewiesen. Dabei entspricht die spanische Zuweisung oft nicht der deutschen.
el hijo, el gato, la planta, el *futuro (der Sohn,*
die Katze, die Pflanze, die Zukunft)

Gerundio
bezeichnet eine Handlung, die gerade stattfindet. Außerdem können Nebensätze damit abgekürzt werden.
Estoy escribiendo una carta. Llorando nos describió el accidente. *(Ich schreibe gerade einen Brief. Weinend beschrieb er/sie uns den Unfall.)*

Gegenwartsform
bezeichnet eine aktuelle Handlung oder einen aktuellen Zustand sowie allgemeine Aussagen oder Wahrheiten.
Ines está en Madrid. La mesa es redonda. *(Ines ist in Madrid. Der Tisch ist rund.)*

Grundzahl ▸ Kardinalzahl

H

Hauptsatz
ist ein Satz, der alleine stehen kann und von keinem anderen Satz abhängt. Sätze, die einem Hauptsatz untergeordnet sind, heißen Nebensätze.
Compramos un coche. *(Wir kaufen ein Auto.)*

Hilfsverb
Mit den Hilfsverben **haber**, **ser** und **estar** können Verbkonstruktionen wie die zusammengesetzten Zeiten, das Passiv, das Gerundium sowie Subjuntivoformen gebildet werden.
haber: he comido *(ich habe gegessen)*
ser: Machu Picchu fue descubierto en 1911. *(Machu Picchu wurde 1911 entdeckt.)*
estar: estoy trabajando. *(Ich arbeite gerade.)*
Subjuntivo: Lamento que no hayas podido venir. *(Es tut mir leid, dass du nicht kommen konntest.)*

I

Imperativ
ist eine der vier Aussageweisen des Verbs; er drückt einen Befehl, einen Ratschlag oder eine Anweisung aus.
Ven por aquí. Cierra la ventana porque va a llover. Llamad a Juan. *(Komm hier her. Mach das Fenster zu, weil es regnen wird. Ruft Juan an.)*

Indefinitpronomen
bezeichnet eine unbestimmte Person oder Sache.
Ningún amigo ha venido. No quiero nada.
(Kein Freund ist gekommen. Ich möchte nichts.)

Indikativ
ist eine der vier Aussageweisen des Verbs: die Wirklichkeitsform. Die Zeiten des Indikativs sind:
Präsens, Perfekt, Imperfekt, Indefinido, Plusquamperfekt, Futur I und Futur II.
(siehe auch Modus)
Trabajamos en una gran empresa. He vivido en Perú. Siempre jugaban mucho. *(Wir arbeiten in einer großen Firma. Ich habe in Peru gelebt. Sie haben immer viel gespielt.)*

indirekte Rede
In der indirekten Rede werden die Worte einer Person nicht wörtlich, sondern ihrem Inhalt nach wiedergegeben. Im Spanischen verwendet man dazu den Indikativ und muss sich dabei an eine genaue Zeitenfolge halten.
Dijo que había nevado. *(Er/Sie sagte, es habe geschneit.)*

indirektes Objekt ▸ objeto indirecto

Infinitiv
ist die Grundform des Verbs, unter der es im Wörterbuch gefunden werden kann.
hablar, comer, vivir *(sprechen, essen, leben)*

Interrogativpronomen
ist ein Fragewort, das nach Sachen, Gründen oder Eigenschaften von Personen und Dingen fragt.
¿Qué es eso? ¿Porqué no vienes? ¿Cuál es tu nombre? ¿Dónde vive usted?
(Was ist das? Warum kommst du nicht? Wie heißt du? Wo wohnen Sie?)

intransitiv
Als intransitiv bezeichnet man ein Verb, das ohne oder aber mit einem indirekten Objekt steht. Mit der Frage: wem oder was? kann man das indirekte Objekt erkennnen.
trabajo, cantas. Te encanta la música. La película nos gusta. *(Ich arbeite, du singst. Die Musik begeistert dich. Der Film gefällt uns.)*

K

Kardinalzahl
gibt eine genaue Menge bzw. Anzahl von Personen, Dingen oder Sachverhalten an.
uno, dos, tres, cuatro ... *(eins, zwei, drei, vier ...)*

kausal
den Grund angebend.

Komparativ ▸ Steigerung

Konditional
ist eine der vier Aussageweisen des Verbs; er beschreibt einen Vorschlag oder eine Bitte (Konditional I) bzw. eine Handlung, die hätte passieren können (Konditional II).
Podríamos ir a la playa. ¿Podrías ayudarme? Te habría llamado antes pero no tuve tiempo. *(Wir könnten an den Strand gehen. Könntest du mir helfen? Ich hätte dich früher angerufen, aber ich hatte keine Zeit.)*

konditional
die Bedingung angebend.

Konjugation
ist die Veränderung des Verbs durch Anhängen verschiedener Endungen, um das Genus, den Modus, die Person, den Numerus und die Zeit festzulegen.
vivo, vives, ¡vive!, has vivido *(ich lebe, du lebst, lebe!, du hast gelebt)*

Konjunktion
ist ein Bindewort, das Satzglieder und Sätze miteinander verbindet.
y, o, porque, pero, por eso *(und, oder, weil, aber, deshalb)*

Konjunktiv ▸ Subjuntivo

konsekutiv
eine Folge beschreibend.

Konsonant
ist ein Mitlaut.
b, c, d, f, g ...

konzessiv
einräumend.

L

lokal
Ort oder Richtung betreffend.

M

maskulin
männliches Genus; Maskulina sind grammatikalisch männliche Substantive.
el árbol, el perro *(der Baum, der Hund)*

Mehrzahl ▸ Numerus

modal
Art und Weise betreffend.

Modalverb
sind Verben, die einen Wunsch, einen Zwang, eine Fähigkeit oder eine Möglichkeit bezeichnen. Sie stehen vor dem Infinitiv eines anderen Verbs. Die wichtigsten sind **querer**, **poder**, **saber**, **tener que**.
Quiero acompañarte. Puedes ayudar a Paco. ¿Sabes tocar el piano? Tengo que estudiar mucho.
(Ich möchte dich begleiten. Du kannst Paco helfen. Kannst du Klavier spielen? Ich muss viel lernen.)

Modus (Aussageweise eines Verbs)
Es gibt im Spanischen vier Aussageweisen des Verbs: Indikativ (Wirklichkeitsform), Subjuntivo (Nicht-Wirklichkeitsform), Imperativ (Befehlsform) und Konditional (Bedingungsform).
Compramos un coche. Quiero que vengas. ¡Habla más despacio! ¿Podrías darme tu dirección?
(Wir kaufen ein Auto. Ich möchte, dass du kommst. Sprich langsamer! Könntest du mir deine Adresse geben?)

N

Nebensatz
Ein Nebensatz kann nur mit einem Hauptsatz stehen und ist inhaltlich abhängig von ihm. Nebensätze sind z. B. dass-Sätze, Relativsätze, Bedingungssätze und Adverbialsätze.
Me gusta que vayamos a Granada. ¿Leiste el libro que te regalé? Si podemos viajamos a Chile. Te acompaño cuando tenga tiempo.
(Mir gefällt, dass wir nach Granada gehen. Hast du das Buch gelesen, das ich dir geschenkt habe? Wenn wir können, reisen wir nach Chile. Ich begleite dich, wenn ich Zeit habe.)

Negation ▸ Verneinung

neutral ▸ Artikel
bedeutet geschlechtslos oder sächlich.

Nomen (Substantiv)
ist ein Wort, das Lebewesen, Pflanzen, Gegenstände und nicht mit den Sinnen wahrnehmbare Dinge benennt. Im

Spanischen gibt es nur männliche und weibliche Substantive.
el perro, el gato, la casa, la muchacha *(der Hund, die Katze, das Haus, das Mädchen)*

Numerus (Zahl)
Singular (Einzahl) und Plural (Mehrzahl).
el jardín, los jardines bonitos. Compramos sus flores. *(der Garten, die schönen Gärten. Wir kaufen seine Blumen.)*

O

Objeto directo (direktes Objekt)
ist ein Satzglied und ähnelt dem deutschen Akkusativobjekt. Es antwortet auf die Frage: wen oder was? und muss bei Personen mit der Präposition **a** stehen.
Escribimos una carta. *Llamas* a Pedro. *(Wir schreiben einen Brief. Du rufst Pedro an.)*

Objeto indirecto (indirektes Objekt)
ist ein Satzglied und ähnelt dem deutschen Dativobjekt. Es antwortet auf die Frage: wem oder was? und ist durch die Präposition **a** gekennzeichnet.
Escribimos una carta a Anita. *(Wir schreiben Anita einen Brief.)*

Ordnungszahl
Ordnungszahlen sind Zahlwörter, die eine bestimmte Position in Reihenfolgen und Rangfolgen ausdrücken. Sie müssen mit ihrem Bezugswort in Geschlecht und Zahl übereinstimmen und stehen in der Regel vor dem Substantiv.
el primer mes, la segunda semana *(der erste Monat, die zweite Woche)*

P

Passiv
Beim Passiv steht ein Geschehen oder eine Handlung am Subjekt im Vordergrund. Das Subjekt des Satzes hat dabei eine passive Rolle. Hier wird also der Vorgang betont, die handelnde Person tritt in den Hintergrund. Gegensatz: Aktiv.
La fiesta es organizada por los estudiantes. La fiesta está organizada por los estudiantes. *(Das Fest wird von den Studenten organisiert. Das Fest ist von den Studenten organisiert.)*

Personalpronomen
können eine Person, eine Personengruppe oder eine Sache ersetzen. Sie stehen auch für ein direktes oder indirektes Objekt im Satz.
Él viene mañana, nosotros no. Mis amigos tienen mucho tiempo. No lo creo. La vendo. Le das un regalo. *(Er kommt morgen, wir nicht. Meine Freunde haben viel Zeit. Ich glaube es nicht. Ich verkaufe es. Du gibst ihr ein Geschenk.)*

Plural ▸ Numerus

Possessivpronomen
ist ein Fürwort, das angibt, zu wem eine Person bzw. eine Sache gehört. Es kann vor oder nach dieser Person bzw. dieser Sache oder aber alleine stehen.
mi padre, un amigo mío, el tuyo, los nuestros *(mein Vater, ein Freund von mir, deines, unsere)*

Prädikat
ist ein Satzglied, das die finite (= die Konjugationsendung tragende) Verbform eines Satzes enthält. Mit dem Prädikat wird eine Aussage über das Subjekt, also den Satzgegenstand gemacht. Es besteht in der Regel aus einem Verb, einer Konstruktion aus Hilfs- oder Modalverb und einem Hauptverb, oder aus dem Verb und einem so genannten Prädikatsnomen (meist ein Adjektiv).

¿Te interesa la política? Llevamos 2 horas escuchando música. Pedro estaba sentado en el sofá. *(Interessiert dich Politik? Seit 2 Stunden hören wir Musik. Pedro saß im Sessel.)*

Präfix
Wortteil, das nicht als selbstständiges Wort vorkommt; es wird einem anderen Wort vorangestellt und bildet mit diesem ein neues Wort.
ante- (anteayer), mini- (minifalda), pro- (prólogo) *(vorgestern, Minirock, Prolog)*

Präposition
Präpositionen setzen Wörter oder Wortgruppen zueinander in Beziehung und stellen ein Verhältnis zwischen ihnen her; sie werden daher auch Verhältniswörter genannt.
Voy a casa. Desayunamos con Fernando. El regalo es para ti. El gato está entre el árbol y el coche. *(Ich gehe nachhause. Wir frühstücken mit Fernando. Das Geschenk ist für dich. Die Katze ist zwischen dem Baum und dem Auto.)*

Präsens ▸ Gegenwartsform

Präteritum ▸ Vergangenheitsform

Pronomen
sind Wörter, die meist stellvertretend für Nomen stehen. Einige Pronomen können auch als Begleiter gebraucht werden. Sie stehen dann vor dem Nomen, auf das sie sich beziehen.
yo, nosotros, se, tu moto, esta chica *(ich, wir, sich, dein Motorrad, dieses Mädchen.)*

R

Reflexivpronomen
drückt meist aus, dass ein Geschehen oder eine Handlung auf das Subjekt oder Objekt eines Satzes zurückverweist.
Ahora me levanto. Te lavas el pelo *(Ich stehe jetzt auf. Du wäschst dir die Haare.)*

Relativpronomen
leitet einen Relativsatz ein, d. h. einen Satz, der sich auf ein Wort im übergeordneten Satz oder einen ganzen übergeordneten Satz bezieht.
El libro de gramática que tengo es muy famoso. La empresa para la que trabajo es muy grande. *(Das Grammatikbuch, das ich habe, ist sehr bekannt. Die Firma, für die ich arbeite, ist sehr groß.)*

S

sächlich ▸ neutral

Singular ▸ Numerus

Steigerung
Mit Hilfe der Steigerung können Dinge miteinander verglichen oder Mengen- und Qualitätsunterschiede ausgedrückt werden. Im Spanischen können Adjektive, Adverbien, Substantive und Verben gesteigert werden, also im Komparativ (Steigerungsstufe) und im Superlativ (Höchststufe) auftreten.
Manolo es menos alto que Pepe. Él conduce tan rápidamente como tú.
Tengo más libros que ella.
Me duele muchísimo la cabeza.
(Manolo ist kleiner als Pepe. Er fährt so schnell wie du. Ich habe mehr Bücher als sie. Mir tut der Kopf sehr weh.)

stimmhafte Laute
sind Laute, bei deren Bildung die Stimmlippen (Stimmbänder) durch die Luft aus der Lunge in Schwingung versetzt werden.
a, o, m, n ...

stimmlose Laute
sind Laute, bei deren Bildung die Stimmlippen (Stimmbänder) nicht in Schwingung versetzt werden.
f, k, p, t ...

Subjekt
ist das Satzglied, das etwas tut bzw. mit dem etwas getan wird. Mit dem Subjekt wird benannt, worum es in dem Satz geht (Satzgegenstand).
Él viene de Salamanca. Nosotros vamos a México. *(Er kommt aus Salamanca. Wir gehen nach Mexiko.)*

Subjuntivo ▸ Modus
ist eine der vier Aussageweisen des Verbs; er ist die Nicht-Wirklichkeitsform. Der Subjuntivo hat zwei einfache Zeiten (Präsens und Imperfekt) und zwei zusammengesetzte Zeiten (Perfekt und Plusquamperfekt)
Quiero que vengas. Me pidió que no llegara tarde. *(Ich möchte, dass du kommst. Er bat mich, nicht spät zu kommen.)*

Substantiv ▸ Nomen

Suffix
Wortteil, das nicht als selbstständiges Wort vorkommt; es wird an ein Wort oder einen Wortstamm angehängt und bildet so ein neues Wort.
-ora (lavadora), -ito (hermanito), -ura (candidatura) *(Waschmaschine, Brüderchen, Kandidatur)*

Superlativ ▸ Steigerung

T

temporal
die Zeit betreffend.

Tempus (Plural: Tempora)
Zeit, Zeitform.

transitiv
Als transitiv bezeichnet man ein Verb, das ein direktes Objekt braucht. Mit der Frage: wen oder was? kann man das direkte Objekt erkennen.
Envío el telegrama. Buscas la librería. *(Ich schicke das Telegramm. Du suchst die Buchhandlung.)*

V

Verb
Verben beschreiben Handlungen, Zustände und Wahrnehmungen. Man bezeichnet sie auch als Tunwörter.
trabajar, querer, creer, conocer *(arbeiten, lieben, glauben, kennen)*

verbale Infinitivkonstruktionen
beschreiben eine Handlung näher. Ein Ausdruck, bestehend aus zwei Verben, zeigt an, wie eine Handlung beginnt, abläuft oder endet. Häufigkeit und Verpflichtungen können auch damit ausgedrückt werden.
Empiezo a trabajar. Sigue durmiendo. Acabo de hacer mis deberes. *(Ich fange an zu arbeiten. Er/Sie schläft weiter. Ich habe gerade meine Hausaufgaben gemacht.)*

Vergangenheitsform
bezeichnet eine Handlung oder einen Zustand sowie allgemeine Aussagen oder Wahrheiten, die bereits geschehen sind. Das Spanische hat vier Vergangenheitsformen: Pretérito perfecto, Pretérito indefinido (keine deutsche Form), Pretérito imperfecto und Pretérito Plusquemperfecto.
he hablado, hablé, hablaba, había hablado *(ich habe gesprochen, ich sprach, ich hatte gesprochen.)*

Verneinung
Mit dem Wort **no** verneint man im Spanischen eine Handlung oder einen Zustand oder lehnt etwas ab. Außerdem gibt es weitere Verneinungsworte wie **nada**, **nadie**, **nunca**. Stehen diese Worte hinter dem Verb, muss **no** vor dem Verb stehen.
Nada veo, nadie viene, nunca fumo. No veo nada. No viene nadie. No fumo nunca. *(Ich sehe nichts. Niemand kommt. Ich rauche nie.)*

Vokal
ist ein Selbstlaut.
a, e, i, o, u ...

Z

Zeit ▸ Tempus

Zukunftsform
beschreibt Handlungen oder Vorgänge in der Zukunft. Vermutungen oder Zweifel können auch damit ausgedrückt werden.
Mañana vamos a ir a la playa. El lunes te llamaré. Estará enfermo. *(Morgen werden wir an den Strand gehen. Am Montag werde ich dich anrufen. Er/Sie wird wohl krank sein.)*